Neujahrsbuch 1. Januar

Der 1. Januar ist der Tag der römischen Schutzherrin Ceres (griech. Demeter) für Wachstum, Getreide, Früchte der Erde, mit dem auch die ersten großen Erfindungen einiger Entdecker und verfolgten Freidenkern zusammenhängen, die in einigen Ereignissen und Geschichten zum 1. Januar beschrieben werden. Das Buch 1. Januar ist nicht nur ein Neujahrsbuch, auch für diejenigen, die am 1.1. geboren sind, ist es eine interessante Lektüre.

Autor und Design
Heidi Ponta,
geb. 29. März 1943 in
Berlin als Tochter des
Philologen und Prähistorikers H. J. Ponta,
EItern 1945 †, selbst.
Export Kauffrau

© 2018 Heidi Ponta
2. Auflage
Verlag und Druck: tredition GmbH, 22359 Hamburg
ISBN: 978-3-7469-3164-7
Alle Rechte und Copyright vorbehalten
Alle Angaben ohne Gewähr
Bibliografische Information der Deutschen Nationalbibliothek:
Die Deutsche Nationalbibliothek verzeichnet diese Publikation in der Deutschen Nationalbibliografie; detaillierte bibliografische Daten sind im Internet über http://dnb.d-nb.de abrufbar.
Dieses Buch wurde nach dem neuesten Sonnenstand geschrieben. Für ca. 2150 Jahre befindet sich die Sonne im Fischezeitalter. Was früher in März der Widder war, ist nach den wissenschaftlichen Erkenntnissen jetzt das Fischesternbild.

DER INHALT DES BUCHES

1. Entdeckung von Ceres am 1.1.1801

2. Neues Sternzeichen im Schützen 17.12. - 20.1.

3. Ereignisse des Tages 1.1.

4. Prominente Geburtstagskinder 1.1.

5. Geschichten zum 1. 1.

6. Menü

1. Entdeckung der Ceres

1. Januar

Jeder wünscht sich langes Leben
und die Taschen voller Geld,
Wiesen, Wälder, Äcker, Reben,
Klugheit, Schönheit, Ruhm der Welt,
wenn alles würde wahr,
was man sich wünscht im neuen Jahr,
wäre schön und herrlich,
aber nicht gewiss,
denn das Schicksal geht oft eigene Wege
doch vielleicht fällt ein kleiner Stern herab
in der Silvesternacht.
                                        Frohes neues Jahr

Ceres

Am 1.1.1801 machte der italienische Astronom Guiseppe Piazzi einen Fund in der Neujahrsnacht. Guiseppe Piazzi, Leiter der Sternwarte in Palermo auf der Insel Sizilien war ein Astronom, der unermüdlich den Sternenhimmel erforschte und sich eine umfassende Revision des Himmels zur Lebensaufgabe machte. Mit den damals besten Instrumenten suchte Piazzi Tag für Tag den Sternenhimmel ab, um die genauen Sternenpositionen zu bestimmen. Von 6750 Sternen veröffentlichte Piazzi in elfjähriger Tätigkeit die genauen Positionen der Sterne. In der Neujahrsnacht 1801 stand Piazzi wieder in Palermo auf der Wacht und bei seiner Suche nach neuen Sternen entdeckte er ein Objekt, das nicht punktförmig erschien, sondern als ein helles Licht, weshalb Piazzi das Licht für einen Kometen hielt. Die Wetterlage war günstig, so dass Piazzi noch bis zum 11. Februar 1801 das Objekt genauer beobachten konnte. Beim genauen Beobachten stellte Piazzi fest, dass es sich um keinen Kometen, sondern um einen Planeten handeln müsse. Es war der Kleinplanet Ceres. Ceres hat einen Durchmesser von 280 km und wie alle Planetoiden ein helles Sternenlicht. Piazzi wurde im Jahre 1746 geboren und ist 1826 in Palermo gestorben. Am 1.1.1802 hatte der deutsche Baron Franz von Zach mit genauen Bahnbestimmungsmethoden des deutschen Astronomen Karl Friedrich Gauß die Bahn Ceres erneut berechnet. Heute bestehen genaue Ephemeriden über diese Kleinplaneten und man kann die Bahnen der Kleinplaneten genau vorher bestimmen. Piazzi gab seinem entdeckten Kleinplaneten den Namen Ceres (griechisch Demeter) nach der römischen Schutzherrin für Getreide und Ackerbau. Getreide, Obst, Honig spielten eine große Rolle auf dem römischen Markt (forum romanum). Eine besonders beliebte Frucht waren die roten Kirschen, weshalb sogar mancher Rebell die zu hohe Kirschen- und Obststeuer öffentlich bekämpfte (u.a. der rote Genuino) Volksaufstand 1647 in Neapel. In dieser Zeit wurde Italien als ein großer Frucht- und Obstgarten beschrieben mit reichen Kornfeldern, schönen Weinbergen, nützlichen Ölbäumen und Kräutergärten, duftenden Orangen- und Zitronenplantagen. Der Markt (forum romanum) war das Zentrum des politischen und kulturellen Lebens. Ökonomisch waren die Obstplantagen, Guts- und Bauernhöfe auf einem so hohen Niveau, das kaum mehr übertroffen werden kann. Die Römer bauten 493 v.Chr. für die Dreiheit Ceres, Liber, Libera einen Tempel auf dem Aventin, einer der sieben Hügel von Rom wie Palatin, Esquilin, Quirinal, Viminal, Kapitol, Caelius, weil die Römer in der Antike Brot und Wein als die wichtigsten Ernährungsmittel hoch schätzten und verehrten. Im griechischen hießen die Dreiheit Demeter, Dionysos und Kore. Die Römer hielten ihren Markt am Tempel auf dem Aventin ab. Am 17.3. feierte das römische Volk die Liberalia (Weinfest) und am 19.4. die Ceralia (ähnlich wie das Erntedankfest). Neben den größeren Planetoiden wie Ceres und Vesta (griechisch Hestia) kreisen zahlreiche kleine Himmelskörper innerhalb des Sonnensystems. Die meisten befinden sich in einem Gürtel zwischen Mars und Jupiter und ihre Bahnen um die Sonne sind fast durchweg ungewöhnlich. Es gibt einige Kleinplaneten, deren Bahn um die Sonne so verläuft, dass sie der Erde gefährlich nahe kommen. Etliche große Krater auf der Erde machen deutlich, dass es schon in der Vergangenheit zu Einschlägen von kosmischen Körpern gekommen ist, die auch in Zukunft auftreten können. Alles im Weltraum ist Leben, Sterben und Neubeginn und wir wissen heute, dass unser gesamter Weltraum mit allem, was sich darin befindet einschließlich der Erde mit dem Ozean, Pflanzen, Bäumen, Tieren, Menschen aus kosmischen Atommolekülen bestehen, wohingegen u.a. Atombomben und Atomkraftwerke aus künstlich gespaltenen Atomen bestehen, die unsere Erde zerstören. Schon der große antike Atomistikforscher Demokrit 460-371 v. Chr. lehrte an der Schule von Abdera in Griechenland das Fach Atomistik, dass alles aus Atommolekülen besteht. Auch der Kleinplanet die Juno (griech. Hera) hatte im alten Rom eine Bedeutung. Auf der Burg in Rom befand sich der Tempel der Juno, die höchste Schutzherrin der Frauen. Die alten Schutzgeister der Griechen und Römer die

Penaten werden noch heute als Name für altbewährte Produkte wie die Penaten-Schutzcreme verwendet. Als die Menschen das Feuer entdeckten, wurden die Menschen seßhaft und hüteten das Feuer als ihre wertvollste Errungenschaft. Sie fingen an Getreide anzubauen, sich Haustiere zu halten und einfache Häuser zu bauen. Alt bewährte Getreidesorten waren u.a. Hafer, Weizen, Gerste, Roggen, Hirse, Buchweizen, Dinkel.

Mühle mit Kornfeldern

Das Brot das beste Nahrungsmittel der Menschheit, Reis und Kartoffeln waren noch nicht bekannt, wird erst seit dem Jahr Tausend unserer Zeitrechnung gebacken. In Rom gab es um die Zeitenwende bereits viele Bäckereien. Bis zum Backen des Brotes aß man die Körner des Getreides roh oder zerrieben und waren eines der ältesten Nahrungsmittel der Menschheit. Die Kartoffel wurde erst im Jahre 1585 in Europa als Nahrungsmittel populär. Doch schon vor 6000 Jahren v. Chr. fand man Hinweise, dass der Käse bereits bekannt war. Auch der griechische Dichter Homer berichtet, dass bei dem Kampf um Troja die Helden mit Käse versorgt wurden. Zur abendländischen Esskultur gehören seit langer Zeit Brot, Wein, Käse. Die früheste Art des Brotes war das Fladenbrot. Das Rezept für ein solches Fladenbrot war einfach. Man nahm u.a. Hirse, Gerste, Hafer oder Weizen, zerrieb die Körner zwischen zwei Steinen zu Schrot, vermengte diesen mit Wasser zu einem festen Teig, formte

Fladen daraus, die auf heißen Steinen oder heißer Asche gebacken wurden. Fladenbrote waren länger haltbar als die heute üblichen Brote. Die Ägypter waren die ersten vor 6000 Jahren, die das Brot entwickelten. Auch Griechenland und das Römerreich entwickelten das Backen von Brot. Mit der Entwicklung von Mühlen wurde das Getreide in größeren Mengen gemahlen.

Der Weizen z.B. entstand aus der steinzeitlichen Wildform Emmer, Einkorn und Dinkel und ist einer der ältesten Getreidesorten. Der Roggen zählt im Gegensatz zum Weizen zu den jüngeren Getreidesorten. Er kam erst 1000 v.Chr. aus Asien nach Europa und wuchs als Unkraut in den Weizen Feldern bis er als eigene Kulturpflanze angebaut wurde. Der Roggen wächst auch in einem kühleren Klima und auf nährstoffarmen Böden. Es gibt den Winterroggen und Sommerroggen. Der Winterroggen hat eine längere Wachstumszeit von 10-11 Monaten und verträgt sogar eine Temperatur bis zu minus 25° und ist als einzige Getreideart von einer Fremdbestäubung abhängig, die durch den Wind erfolgt. Der Sommerroggen hat eine Wachstumszeit von nur 6 Monaten. Der frühere Roggen wurde bis zu 1,80m hoch und hatte eine große Standfestigkeit, je kleiner er wächst und gezüchtet wird, um so kümmerlicher erscheint er. Der Buchweizen kam aus Asien nach Europa und ist ein sehr gesundes Getreide, aus dem z.B. das russische Nationalgericht Blinis, die Buchweizenpfannkuchen hergestellt werden. Und doch gehört der Buchweizen eigentlich zu den Knöterichgewächsen und ist daher ein Verwandter von Rhabarber und Sauerampfer. Nur weil die Buchweizenkörner dem Getreide ähnlich sind, wurde der Buchweizen dem Getreide zugeordnet. Auch der frühere Dinkel wurde im Allgemeinen bis zu 1,80m hoch und gehört zu den Weizensorten. Der Name der Stadt Dinkelsbühl z.B. zeigt an, dass dort früher besonders Dinkel angebaut wurde. Weil der Dinkel auch grün geerntet wird, heißt er auch Grünkern. Das schwäbische Gericht Spätzle wird gern aus Dinkel zubereitet. Der Dinkel wächst auch auf mageren Boden. Die Gerste gehört zu den ältesten Kulturpflanzen der Menschheit und ist weltweit verbreitet wegen ihrer geringen

Ansprüche an Klima und Boden und ihrer kurzen Wachstumszeit. Die Gerste wächst auch in Höhen bis zu 4.500 m und besonders im Himalajagebiet, von wo die Gerste ursprünglich herstammte. Die Gerste wird vorwiegend zum Brauen von Bier verwendet, aber auch Fladenbrot wird gern aus Gerste gebacken, denn die Gerste ist als Brot besonders gesund und ein Heilmittel gegen viele Krankheiten. Die Hirse stammt aus Asien und hat von allen Getreidesorten die meisten Mineralstoffe, aber sie verträgt zum Wachstum nur warmes Klima. Der Mais stammt von denIndianern und es gibt viele Nationalgerichte aus Mais, denn der Mais ist in der ganzen Welt vertreten. In Italien wird aus Mais das Nationalgericht Polenta hergestellt.
Der Hintergrund auf dem nachstehenden Bild ist keine Sonne, sondern nur ein gigantischer Käse wie er früher zu Festen hergestellt wurde.

Die echte Sonne ist kein Käse und kein Mensch, denn die Sonne besteht aus 75% Wasserstoff, 23% Helium und 2% schweren Elementen. Durch die Umwandlung von Wasserstoff in Helium erzeugt die Sonne Energie. Die echte Sonne dreht sich in 26 Tagen um ihre eigene Achse, ca. alle 2150 Jahre wandert die Sonne in ein neues Sternzeichen und weiter wandert sie mit dem gesamten Planetensystem auf das Zentrum unserer Galaxie zu in einem Abstand von 27.600 Lichtjahren. Zum Sonnensystem gehören neun große Planeten wie Merkur, Venus, Erde, Mars, Jupiter, Saturn, Uranus,

Neptun und Pluto sowie eine Vielzahl von Kleinplaneten (Planetoiden) wie u.a. die Ceres, ein heller Stern des Planetoidengürtels. Weiterhin gehören zum Sonnensystem Kometen, Meteoriten und gasförmige Masse zwischen den einzelnen Planeten. Der sonnennächste Planet ist Merkur mit einer Umlaufzeit von 88 Tagen um die Sonne und einer Oberflächentemperatur von etwa 4300° C, der sonnenentfernteste Planet ist Pluto. Die Erde ist der dritte Planet von der Sonne. Die Entstehung der Erde und unseres Sonnensystems ist ca. 4,6 Milliarden Jahre alt. Die Sonne mit dem Planetensystem befinden sich weit außerhalb des Zentrums unserer Milchstraße, deren Durchmesser auf 100.000 Lichtjahre geschätzt wird. Aufgrund der Wanderung der Erde um die Sonne sehen wir je nach Jahreszeit unterschiedliche Sternbilder. Die Sonne hat eine Oberflächentemperatur von ca. 6000 Grad und 10- 20 Millionen Grad C° im Inneren der Sonne wo sie Atomkerne verschmilzt und Energie daraus gewinnt. Aufgrund dieser unvorstellbaren großen Energieerzeugung gibt uns die Sonne Licht- und Wärmestrahlen, wodurch das Leben auf der Erde erst möglich ist. Die jährliche Erdbahn um die Sonne, die man Ekliptik nennt, verläuft durch die 12 Tierkreiszeichen, da der Kreis 360° umfasst, ein Tierkreisabschnitt 30° ergeben drei solcher Abschnitte jewels eine Jahreszeit von 90° wie Frühling, Sommer, Herbst und Winter. Diese Einteilung wurde die Grundlage unserer Zeitmessung. Blickt man in den klaren Nächten zum Himmel sieht man das leuchtende Band der Milchstraße mit ihren zahllosen Sternen. Würde man in der Milchstraße einen Planeten besiedeln wollen, müsste man einen Planeten finden mit einer Sonne (heller Stern), der von seiner Sonne nicht zu weit entfernt ist, dass er ewig gefroren ist und nicht so dicht an seiner Sonne ist, das die Oberfläche des Planeten in Hitze schmort. In unserer Galaxie der Milchstraße gibt es ca. 400 Milliarden Sterne und wenigstens 100 Milliarden andere Galaxien existieren im Universum. Wenn ein Satellit ca. 9 Jahre bis zum Planeten Pluto braucht, dann benötigen Raumschiffe, die in die Milchstraße reisen, Jahrzehnte um das Ziel ihrer Wahl zu erreichen. Die Sonne ist in unserer Galaxie nicht der hellste Stern. So ist der Stern Campus 80.000 und der Stern Rigel 17.000-mal so hell wie unsere Sonne.

In spätestens 6 Milliarden Jahren wird der Gasball der Sonne sich so weit vergrößert haben, dass er das ganze Planetensystem in sich aufnimmt und in Gas zurückverwandelt, sodass von der Erde bzw. den Planeten und der Sonne nichts weiter übrig bleibt als eine dunkle Gaswolke. In diesem finalen Abschnitt des Sonnenlebens wird die Sonne ein so genannter roter Riese. Doch lange schon zuvor wird die Temperatur der Erde soweit angestiegen sein, dass kein Leben mehr möglich ist. Das Wasser ist verdunstet und eine lichtundurchlässige Wolkendecke umhüllt die Erde. Die Erde verdorrt wasserlos. Die verbleibende Materie der Erde verteilt sich als Gaswolke im Weltraum. Bei der ungeheuren großen Anzahl von Galaxien in unserem Weltall ist es durchaus wahrscheinlich, dass es eine große Anzahl von Himmelskörpern gibt, auf denen erdähnliche Temperaturbedingungen herrschen. Auf ihnen könnten sich Lebensformen von Organismen ausgebildet haben, die nicht den von der Erde bekannten gleichen müssen. Angesichts der ungeheuren weiten Dimension des Weltalls ist es jedoch sehr unwahrscheinlich, dass wir jemals mit vielleicht existenten Lebewesen in Kontakt treten können. Sollte es der Raumfahrt wirklich gelingen, dass Menschen mit einem Raumschiff unser Planetensystem verlassen können, um andere Lebensmöglichkeiten auf einem anderen Planeten mit einer

Sonne zu finden, werden wir die Menschen und das Raumschiff nie mehr wieder sehen und können nur hoffen, dass irgendwo für die Menschen ein neues Leben beginnen kann. Der Mond ist im Vergleich zu den Großplaneten ein Trabant der Erde, der die Erde umläuft. Ein Umlauf dauert 27,3 Tage. Der Mond selbst hat kein eigenes Licht. Das Leuchten des Mondes beruht auf der Reflexion von Sonnenstrahlen, die ihn treffen beim Umlauf um die Erde und ihn als Halb- oder Vollmond erscheinen lassen. Bei der jährlichen Umlaufbahn der Erde von 365 Tagen, wodurch Frühling, Sommer, Herbst und Winter entstehen, dreht sich die Erde alle 24 Stunden um ihre eigene Achse, wodurch Tag und Nacht entsteht. Durch den jetzigen Sonnenstand hätten wir einen roten Himmel, auch das frühere Morgen- und Abendrot, das man früher tagtäglich sah, wurde durch die Satelliten- und Raketentechnik künstlich verändert. Ob durch den jetzigen Sonnenstand die Nacht gefährdet ist, kann möglich sein. Die Erde hat nur einen kosmischen Mond, Jupiter hingegen hat 16 Monde, was Wissenschaftler möglicherweise auf die Idee gebracht hat, die Planeten mit künstlichen Satelliten zu versehen, denn inzwischen werden bei Jupiter 63 Monde gemeldet, die in Wirklichkeit künstliche Satelliten sind mit vielen dubiosen Programmen. Es kreisen Hunderte von künstlichen Satelliten um die Planeten und um die Erde. Allein für die Fernsehanstalten in aller Welt wurden eine Unzahl von künstlichen Satelliten in die Planetenbahnen, Erdumlaufbahn sowie in die Galaxie befördert, denn niemand möchte auf Fernsehen, Rundfunk, Flugzeug, Auto, Handy, Funktürme usw. verzichten. Der kosmische Mond der Erde dreht sich beim Umlauf um die Erde einmal um seine eigene Achse in 27,3 Tagen, alle ca. 12 Stunden gerät der Mond in eine Position, wodurch alle 12 Stunden und 50 Minuten Ebbe und Flut der Weltmeere entsteht. Die Gezeiten, die durch den Mond entstehen, sind von großer Bedeutung, da durch Ebbe und Flut das Meer weniger Schaden erleidet, denn durch Stillstand des Meeres können viele zusätzliche Schäden entstehen. Allerdings wird die Tageslänge auch durch die Gezeiten zunehmen. Die Tage werden länger und die Nächte kürzer, denn inzwischen kann die Erde im 3. Jahrtausend beliebig erleuchtet und erwärmt werden mit Satelliten- und Raketentechnik aus der Galaxie, aber auch das Gegenteil erzeugen, die Erde kühlen und Schatten machen. Am 21.6., der Tag des Sommeranfangs findet das Sonnenwendfeuer statt, der längste Tag mit der kürzesten Nacht im Jahr. Da der Kirche die heidnischen Sonnenwendfeiern ein Dorn im Auge waren, wurde der Tag des Sonnenwendfeuers auf den Gedenktag von Johannes dem Täufer 24.6. verlegt. Der kürzeste Tag mit der längsten Nacht ist der 21.12., der Monat mit den wenigsten Sonnenstunden und Anfang des Winters mit Eis und Schnee. Oberhalb der Schneegrenze im Hochgebirge beginnt die Gletscherwelt, die nur aus Eis besteht wie auch in den Süd- und Nordpolargebieten. Im Frühling am 21. März und im Herbst am 23. September erreicht die Drehung der Erde eine Position, bei der auf allen Orten der Erde Tag und Nacht gleich lang sind. Man nennt dies Tagundnachtgleiche. Während es am Südpol eine Jahreshälfte nachts dunkel bleibt, scheint am Nordpol die Sonne Tag und Nacht und bleibt für die Jahreshälfte auch nachts hell, dann erreicht die Wanderung der Erde um die Sonne den Südpol und der Südpol wird Tag und Nacht hell. Die Mitternachtssonne scheint mindestens vier Monate am Nordpol vom 20. April bis zum 23. August. Das kristallblaue Leuchten der Gletscher in der Mitternachtssonne bleibt ein faszinierendes Naturereignis. Aber diese kosmischen und irdischen Geschehnisse können durch die künstliche Satelliten- und Raketentechnik verändert werden. Jeder Satellit in der Erdumlaufbahn umkreist die Erde 14 mal pro Tag und Nacht.

2. Neues Sternzeichen Schütze vom 17.12.-20.1.

Nach den gegenwärtigen astronomischen Berechnungen ist das Tierkreiszeichen Schütze die Zeit vom 17.12.-20.1. Der Beginn der Frühlings- und Sommerzeit ist nicht mehr das Tierkreiszeichen Widder, sondern das Sternbild Fisch. Etwa alle 2150 Jahre verschiebt sich der Frühlingspunkt der Sonne um ein Sternbild. Seit vielen Jahren befindet sich die Sonne im Sternzeichen Fisch vom 11.3. - 18.4. Der Schütze ist das Zeichen für den Winter und den kältesten Monat Januar geworden. Sein altdeutscher Name ist Hartung, Eis- und Schneemonat, was die Schützen durchaus positiv zu nutzen wissen. Schützen sind in allen Sportarten sportlich begabt und werden auch in der Winterzeit mit Freude winterliche Sportarten ausüben. Sie können die besten Skifahrer und Eisläufer werden. Schützen sind Naturmenschen, Sport und Gartenarbeit gehört zu ihrem Leben. Sie sind begeisterungsfähig, optimistisch und haben ein ausgeprägtes Gerechtigkeitsgefühl, sie sind einfühlsam, prophetisch begabt und kommen durch ihre Beobachtungen schnell zu einem Entschluss. Obwohl Schützen freizügig und ehrlich ihre Meinung sagen, treffen ihre Beobachtungen oft genau ins Schwarze. Schützen haben originelle Ideen, sind gute Mitarbeiter und besitzen Talent zum Schreiben. Der Schütze lebt in dem Vertrauen der kosmischen Gesetze und fühlt sich als Vertreter der Naturgesetze. Mit der Flamme der Begeisterung, denn der Schütze, gehört wie der Widder, Löwe zum Feuerzeichen, motiviert er Menschen und Umwelt. Im Fall von ungünstigen Aspekten im Gesamthoroskop, das mit genauer Geburtszeit und Geburtsort erstellt werden muß, können die negativen Einflüsse der Kehrseite zur Wirkung kommen. Aber primär wird jeder Mensch von seiner genetischen Abstammung beherrscht. Unsere Umwelt, in die wir geboren werden, spielt auch eine Rolle. Allein die Tatsache, dass ohne Sonne kein Leben und Wachstum auf der Erde möglich ist, zeigt uns, wie wichtig das Sonnen- und Planetensystem für uns ist. Es gab immer schon Menschen, Forscher, Dichter, Denker und Astronomen, die sich beruflich und privat mit Astronomie seit Jahrtausenden auseinander gesetzt haben und auch heute müssen wir uns immer wieder neu mit unserer Sonne und dem Planetensystem auseinandersetzen. Alles im Weltraum ist Leben, Sterben und Neubeginn und wir wissen heute, dass unsere ganze Umwelt und wir selbst zum großen Teil aus Atommolekülen (DNA Molekülen) bestehen.

Das Tierkreiszeichen Schütze wird von dem römischen Planetenherrscher Jupiter (griechisch Zeus) geprägt. Jupiter und Zeus waren nach Auffassung der Menschen der Antike die obersten Gottheiten des Himmels, aber die wahren Zusammenhänge des Sonnensystems und des Universums haben die Menschen damals noch nicht gekannt. Die Erde und unser Sonnensystem ist ca. 4,6 Milliarden Jahre alt, aber die ersten Erkenntnisse der Sternenkunde erst ca. 4000 bis 6000 Jahre v. Chr.. Für die ersten Gelehrten und Sterndeuter war das Firmament mit der Sonne eine Himmelsuhr, mit der man anfing Zeiten zu berechnen und zu messen. Den Sonnenaufgang und Sonnenuntergang konnte man früher mittels Felsen und Bäumen messen bis die ersten Sonnenuhren und Sternwarten entwickelt wurden. Eine Anlage zur Zeitbestimmung war u. a. Stonehenge in Südengland. Der Sonnenkult wurde betrieben, weil die Menschen erkannten, dass die Sonne das wichtigste für Leben und Wachstum auf der Erde ist und fingen an mit einfachen Mitteln die Sonne und das Firmament zu erforschen. Die ersten Gelehrten wurden von der Kirche wegen ihrer Erkenntnisse über das wahre Sonnensystem der Ketzerei angeklagt und verfolgt. Heute kennen wir unser Planetensystem genau und wissen, dass es sich bei der leuchtenden Sonne und den Sternen nicht um Götter handelt, sondern um Atome und

Galaxien mit unendlich vielen Sternen in einem riesigen Universum. Aber die Geschichte der Antike gehört trotzdem zu unserer Kulturgeschichte und Vergangenheit. Die obersten Gottheiten des Himmels Zeus und Jupiter wurden auf hohen Bergen verehrt, wie z. B. der heilige Albaner Berg in Italien und der Berg Olymp in Thessalien in Griechenland. Auf dem Albaner Berg stand z. B. das Heiligtum des Jupiters Latiaris. Sein Tempel stand dagegen in Rom auf dem Kapitol. Jeder Triumphzug eines siegreichen Feldherren endete auf dem Kapitol, wo der Sieger in der Tracht des Jupiters mit einem Lorbeerkranz auf dem Haupt den Kranz im Tempel des Jupiters niederlegte. Die Menschen der Antike glaubten, dass ihre Himmelsgötter im Gegensatz zu den Menschen auf der Erde unsterblich seien, aber wir wissen heute, dass alle Sterne und Sonnen nach einer bestimmten Lebenszeit sterben. Schützen gehören zu den Menschen, die die wahren Erkenntnisse gerne annehmen und das Universum so sehen möchten wie es wirklich ist. Die Entdeckung von Ceres ist das Zeichen für die geborenen Schützen. Schützen reisen gerne und will man einige Ereignisse dieses Tages mit einer Reise verbinden, wäre eine Reise in die Schweiz, Italien oder Griechenland eine gute Entscheidung. Ein idealer Ausflugsort wäre das Berner Oberland zu den leuchtenden Schneebergen, Firniss und Gletschern mit der mächtigen und formschönen Dreiergruppe Eiger, Mönch und Jungfrau, die drei schönsten Berge in den Alpen. Eine Bergbahn führt zur höchstgelegenen Bahnstation von Europa (3454 m) dem Jungfraujoch, das ein Highlight jeder Schweizer Reise ist. Auf dem Jungfraujoch erstreckt sich ein weites Wandergebiet mit herrlichem Panoramablick auf die Gipfel. Diese Reise ist sowohl im Sommer wie im Winter angenehm. Wer weiter über Italien nach Griechenland bis Olympia reist hat das Besondere dieses Tages erlebt. Olympia der Ort der Olympischen Spiele und das Ehrengrabmal von Baron Pierre de Coubertin (siehe Prominentengeburtstage) sind der Ursprung unserer heutigen olympischen Spiele. Die Natur des Peleponnes ist voll von Gegensätzen, grüne friedliche Ebenen wechseln mit mächtigen teils kahlen, teils bewaldeten Bergen und stillen Badebuchten und vielen geschichtlichen Zeugnissen der Antike bis zur Neuzeit. Die zahlreichen Naturschönheiten, die archäologischen Stätten und die modernen Errungenschaften machen den Peleponnes zu einem beliebten Urlaubsgebiet. Olympia bei der Stadt Pirgos ist ein Highlight jeder Griechenlandreise. Der höchste Berg Griechenlands ist der 2917 m hohe Berg Olymp, der Berg der antiken Gottheiten, der nördlich von Thessalien liegt. Eine Fahrt durch das Tempetal mit dem Fluß Pinios führt durch eine der schönsten Landschaften Griechenlands über Platamon bis zum Ort Litochoron, von wo aus man zu einer Gipfelwanderung zum Olymp aufbricht.

PLATAMON

Im antiken Griechenland war der Schütze in der Mythologie identisch mit dem Satyr namens Krotus, der mit seinen Stiefschwestern den Musen auf dem Berg Helikon in Böotien lebte. Der römische Schriftsteller Munilius, der im ersten Jahrhundert v. Chr. lebte, hat eine Reihe von astrologischen Mythen aufgezeichnet u.a. den Schützen sowie den großen Astronomen Hipparch. Der Schütze ist auch mit Chiron identisch, Erfinder der Heilkunst, der in einer Höhle lebte und die Helden Achilles, Hektor, Phönix, Jason, Äskulap in der Heilkunst, Reitkunst, Waffenhandwerk und Musik unterrichtete. Chiron war ein freundlicher und gebildeter Mensch und ein Freund aller Helden. Und doch wurde er von Herakles mit einem Pfeil getötet und kam als Stern in das Sternzeichen Schütze in den Sternenhimmel.

3. Ereignisse des Tages 1. Januar

Unabhängigkeit Griechenland 1.1.1822
Befreiungsproklamation 1.1.1863
Bayern wird Königreich 1.1.1806
Revolution in Spanien 1.1.1820
Bern übernimmt die Führung 1.1.1847
Der Edelweißkönig 1.1.1939
Japanischer Kaiser Hirohito 1.1.1946
Hugo Distler 1.1.1942
Verfassung von Italien 1.1.1948
Internationaler Silvesterlauf von Sao Paulo 1.1.1951
Kohle für Deutschland 1.1.1957
Verfassung der Schweiz 1.1.1995
Insterburg 1.1.1945
Eisenbahn 1.1.1994
Abbau der Berliner Mauer Januar 1990

3. Ereignisse des Tages 1. Januar

Unabhängigkeit Griechenlands 1.1.1822
Am 1.1 1822 erklärte die Nationalversammlung von Epidauros Griechenland für unabhängig. Anfang des 19. Jahrhunderts setzte der Freiheitskampf gegen die Herrschaft des osmanischen Reiches ein. Am 25.3.1821 (der 25.3. ist der Nationalfeiertag der Griechen) begann der bewaffnete Aufstand der Griechen gegen die Türken, aber erst mit Unterstützung der Engländer, Russen und Franzosen wurden die Kämpfe zu Gunsten Griechenlands entschieden. Seit 1974 ist Griechenland ein demokratischer Staat und 1975 trat eine neue Verfassung in Griechenland in Kraft. Der Euro wurde in Griechenland am 1.1. 2002 eingeführt.

Befreiungsproklamation 1.1.1863
Die englische Befreiungsproklamation in der USA während des Bürgerkrieges zwischen Nord- und Südstaaten der USA wurde am 1.1.1863 verkündet, die die Aufhebung der Sklaverei in den Südstaaten forderte. Erst im 13. Verfassungszusatz 1865 trat für alle Staaten in der USA die Aufhebung der Sklaverei in Kraft und im 14. Verfassungszusatz wurden den Sklaven die Bürgerrechte zugeschrieben und brachte für 3 Millionen Sklaven die Freiheit. 1619 wurden die ersten Sklaven nach Virginia USA gebracht. 1860 lebten in der USA vier Millionen Sklaven im Einsatz in der Landwirtschaft und auf den Baumwollfeldern in den Südstaaten. 1861 brach der Bürgerkrieg zwischen den Nord- und Südstaaten aus. Am 9.4.1865 wurden die Südstaaten zur Kapitulation gezwungen durch Sieg der Nordstaaten und die Einheit von Amerika wurde wieder hergestellt. Die Unabhängigkeitserklärung von Amerika am 4.7.1776 blieb auch weiterhin der Nationalfeiertag 4.7. von Amerika.

Bayern wird Königreich am 1.1.1806
Beim zweiten Aufenthalt von Napoleon I in München herrschte Hochstimmung am Neujahrstag 1.1.1806, denn Bayern wurde am 1.1.1806 Königreich mit Max Joseph I (1756 - 1825). Max Joseph hatte sich dem Rheinbund angeschlossen und Napoleon I, geb. in Ajaccio / Korsika am 15.8.1769 als Sohn des am 29.3.1746 geborenen Rechtsanwaltes Buonaparte. Napoleon I krönte sich selbst am 2.12.1804 in Paris zum Kaiser von Frankreich. Am 20.4.1792 hatte Napoleon Österreich den Krieg erklärt. Kaiser Franz I von Österreich legte wegen der napoleonischen Kriege in Europa seine Kaiserkrone des römischen Reiches ab mit den Worten: das Deutsche Reich sei jetzt nicht mehr Deutschland, sondern stehe unter napoleonischer Herrschaft. Eine deutsche Revolution entstand gegen die napoleonische Besatzung. Es flatterten Denkschriften aus Nürnberg nach München ein und viele lasen diese. Der Nürnberger Verleger der Denkschriften Philipp Jakob Palm wurde gewaltsam nach Braunau gebracht und dort im Auftrag von Napoleon erschossen. Die Truppen von Napoleon marschierten 1807 erneut in Deutschland und Österreich ein und Napoleon hielt am 20.4.1807 eine Rede in Donauwörth und am 3.-6.7. 1809 wurde Frankreich mit Kaiser Napoleon I Herrscher über Deutschland und Österreich. Zur Absicherung ließ Napoleon I sich von seiner Ehefrau Josephine scheiden und heiratete 1810 die österreichische Prinzessin Marie Luise, Tochter von Kaiser Franz I. Ab 1807 erhoben sich die europäischen Völker gegen die napoleonische Fremdherrschaft. Die ersten Revolutionen kamen aus Spanien. Am 31.3. 1814 wurde Napoleon zur Abdankung gezwungen und kam in Haft auf die Insel Elba und starb am 5.5. 1821. Sein einziger Sohn Napoleon II, geb. 20.3. 1811 Paris von Prinzessin Marie Luise starb am 22.7. 1832 auf Schloss Schönbrunn. Trotz Abdankung von Napoleon I und II hinsichtlich einer Allmacht über Europa versuchte erneut ein weiterer Napoleon III, geb. 20.4. 1808 in Paris noch einmal Europa zu beherrschen, er wurde Kaiser der Franzosen. Am 4.9. 1870 wurde jedoch die Französische Revolution und Republik ausgerufen. Napoleon III starb

am 9.1. 1873 im Exil in England. In Frankreich wurden ebenfalls viele demokratische Rebellen (Girondisten) eermordet. Einer der Führer A. Condorset geb. 17.9.1743, Mathematiker, Politiker, Philosoph kam zwar aus dem höheren Adel, aber war ein Freidenker im Sinne von Freiheit und Gleichheitsrechten auch für die Frauen und gegen die Autonomie von Kirche und Staat. 1789 schloß sich Marquis Condorset der französischen Revolution an als Vertreter einer demokratischen Staatstheorie. Besonders wollte er den Klassenunterschied im Bildungswesen beseitigen und auch eine umfangreiche Fortbildung für Erwachsene einführen, denn nur mit Bildung läßt sich erkennen, was richtig und was falsch ist. 1793 wurde Condorset als Girondist angeklagt und am 28.3.1794 verhaftet und starb durch Folter am 29.3.1794. Er soll die Grundlage für die erste deutsche Frauenligagründung gewesen sein am 29.3.1894 im Reichstagsgebäude in Berlin durch die letzte deutsche Königin Auguste Victoria. Am 20.4. 1887 wird Adolf Hitler in Braunau / Österreich geboren und kam 1933 als Führer der NS-Herrschaft an die Macht und Deutschland wurde eine Diktatur mit dem Diktator Hitler. Eine Demokratie war unerwünscht.

Revolution in Spanien 1.1.1820
Am 1.1. 1820 setzte die erste spanische Revolution ein gegen Absolutismus und die napoleonische Herrschaft, aber die ständig wechselnden politischen Systeme von Monarchien, Militärdiktaturen, unterschiedlichen Parteirichtungen haben dem Liberalismus und einer Demokratie viele Hindernisse in den Weg gelegt und doch hat es bedeutende spanische Schriftsteller gegeben, die die Politik und die spanische Gesellschaft in bedeutenden Werken dargestellt haben. Es gibt viele Namen, hier sind nur wenige aufgeführt u.a. L. Fernandez de Moratin, der England und Frankreich kennen lernte und auch Werke von Shakespeare übersetzt hat, Ramon de la Cruz bekämpfte hartnäckig die Wesensentfremdung seines Volkes. Jose de Francisco de Isla, Jesuit, der die überspannten Predigten kritisierte, Herzog von Rivas, dem politischen Rebellen, kämpfte hel-

denhaft im spanischen Befreiungskrieg und wurde vom spanischen Volk verehrt. Juan Valera, der unter anderen Werken auch den deutschen Faust von Goethe übersetzte, Lope de Vega, Calderon de la Barca, Cervantes und andere. Cervantes, geb. am 9.10. 1547 mit seinem bekannten Werk Don Quijote war Sohn einfacher Eltern, aber sein Leben war ein außergewöhnliches schweres Schicksal. Cervantes nahm als Kämpfer an der Schlacht von Lepanto gegen die Türken 1571 teil, wurde 1575 von Piraten gefangen genommen und war 5 Jahre Sklave in Algier, 1587 - 1593 wurde er Proviantkommissar für die Flotte Andalusien, trotz weiterer Haft und schweren Schicksalsschlägen war sein spanischer Nationalgeist sittlich-religiös. Cervantes starb mit dem englischen Schriftsteller Shakespeare am gleichen Tag 23.4. 1616. Shakespeare war am 23.4. 1564 in England geboren und seine Werke handeln von Verbrechen, Machtgier, Monarchen, gesellschaftlichen Leben und seine Werke gehören zu den meist gespielten Theaterstücken der Welt. Zwei der größten Schriftsteller der Welt bleiben schicksalshaft mit dem Tag 23.4.1616 verbunden.

Bern übernimmt die Führung der radikalen Kantone 1.1.1847
Als der Schweizer Theologie Professor David Friedrich Strauß mit seinen allzu lockeren Lehren an die Universität berufen wurde, entstand ein Streit zwischen den Schweizer Kantonen: Das katholische Schweizer Landvolk des Züricher Oberlandes verursachte einen Aufstand und ruhte nicht eher bis die Kantonalregierung zurückgetreten war. Uri, Schwyz und Unterwalden, Zug und das Wallis wurden von ähnlichen Stimmungen heimgesucht. In Bern und in Aargau setzten sich dagegen die Liberalen durch und inszenierten einen bewaffneten Marsch von liberalen Anhängern auf Luzern, um die Jesuiten von dort zu vertreiben. Doch die Liberalen scheiterten, es kam zu weltanschaulichen Morden. Man brachte sich gegenseitig um und am 11. Dezember 1845 gründeten die sieben Konservativen Katholischen Kantone aus dem Aufstand eine Schutzvereinigung. Die Gegner nannten diese Vereinigung gehäs-

sig Sonderbund. - Am 1.1.1847 wurde Bern zur Stadt der radikalen Kantone bestimmt und die Führung war damit in der Hand der Liberalen. Der 1.1. brachte für die Schweiz auch weiterhin den Tag der Verfassung mit 26 Kantonen und der Hauptstadt Bern.

Der Edelweißkönig
Deutscher Spielfilm uraufgeführt am 1.1.1939
Auf dem abseits des Dorfes Ewigen gelegenen Finkenhof liegt ein festlicher Glanz. Ein mit etwas ungelenker handgeschriebenes Willkommensschild ziert die massive Haustür und ein Fichtenkranz schmückt das Schild. Der Bauer Jörg Fink erwartet Besuch mit seinem sechsjährigen Buben Pepperl und einer von der Bäuerin verwaisten Nichte Veverl, die sich mit ihren sechzehn Jahren noch gar nicht bemüht erwachsen zu werden. In die Stille, die über dem stattlichen Hof liegt fährt Dori, der Jungknecht mit dem leeren Kutschwagen ein. Er war zum Bahnhof geschickt worden, um des Bauern Schwester Hanni abzuholen, aber der Münchener Zug hat sie nicht mitgebracht. Statt ihrer kommt unversehens der Pfarrer, um dem Bauern Jörg die erschütternde Mitteilung zu machen, dass seine Schwester Hanni in die Isar gesprungen ist und sich das Leben genommen hat, weil sie vom gräflichen Gutsbesitzer ihrem Jugendfreund ein Kind erwartete. Jörg trifft es wie ein Schlag. Mit seiner Schwester Hanni und seinem Bruder Ferdl verbinden ihn starke Bande. Ein Riese an Kraft sitzt er jetzt gebrochen da und grübelt finster vor sich hin. Er verschmäht das Essen. Ruhelos in ohnmächtigem Zorn erwartet er eine schlaflose Nacht. Plötzlich schlägt der Hund in der Nacht auf dem einsamen Hof an. Es klingt unheimlich in der Stille der Nacht. Ein Fenster wird aufgestoßen und ein halb unterdrückter Schrei von Veverl tönt durch die Nacht. Als Jörg zum Zimmer von Veverl eilt sieht er seinen Bruder Ferdl gehetzt, verdreckt und erschöpft in einem erbarmungslosen Zustand. Der Bauer Jörg reißt Ferdl mit sich fort und im abgeriegelten Wohnzimmer gesteht Ferdl den Grafen, der Schuld an Hannis Tod hat niedergeschlagen zu haben. Die Polizei ist hinter ihm her. Schnell füllt Ferdl

einen Rucksack mit Proviant, um vor der Polizei über die Grenze zu entfliehen, Ferdl kennt aus seiner Kindheit jeden Weg und Steg und wenn er die Höllenbachschlucht überwunden hat, ist er in Sicherheit. Die Brüder Jörg und Ferdl halten zusammen auf Leben und Tod. Auf Wiedersehen in Ausland, sagt Ferdl zu Jörg und verschwindet im Dunkeln der Nacht. Wieder schlägt der Hund auf dem Finkenhof an. Der Jungknecht Dori meldet Polizei. Die Polizei erfährt nichts von Jörg, aber der Hauptwachtmeister ist lange genug im Dienst und ahnt, daß der Gesuchte geflohen ist. Die Grenzen sind alarmiert und wenn der Gesuchte im Finkenhof gewesen ist und von dort geflüchtet ist wird man ihn bald finden. Es wird Tag. Die Grenzpolizei hat Ferdl aufgespürt, der wie eine Gems in wilden Sprüngen der Höllenbachschlucht zustürmt, aber der einzige Übergang über die Schlucht ist gesperrt. Mit einem tollkühnen Sprung versucht Ferdl über die Schlucht zu springen, doch der Sprung reicht nicht, rückwärts stürzt Ferdl in die tosende Schlucht. Nichts ist mehr von ihm zu sehen, solange aber einer nicht tot aufgefunden wird, besteht immer noch die Möglichkeit, dass er am Leben ist schreibt der korrekte und argwöhnische Hauptwachtmeister in seine Dienstschrift der Ortschaft Ewigen. Bei einem Kontrollbesuch auf dem Finkenhof findet er dann tatsächlich eine blutgetränkte Jacke, aber Ferdinand Fink findet er nicht. Die Einwohner vom Finkenhof sind natürlich eine verschworene Gesellschaft und wissen angeblich von nichts. Nur Jörg und seine verwaiste Nichte Veverl kennen die schwer zugängliche Höhle im Gebirge, in der sich der fieberhaft gesuchte Ferdl verbirgt, in die ihn sein Bruder nachts getragen hat als der Abgestürzte schwer verletzt auf dem Hofe um Hilfe suchte. Der Finkenbauer Jörg wird verhaftet und zum Gericht nach München gebracht. Aber Jörg schweigt auch vor dem Untersuchungsrichter. Da wird ihm plötzlich sein Bruder Ferdl gegenübergestellt, den die Polizei aufgegriffen hat als er sich freiwillig der Polizei gestellt hat, da er von Veverl erfuhr, dass Jörg verhaftet worden ist. Bei dem Gericht erfahren Jörg und Ferdl, dass der anscheinend getötete Graf von seinen Verwundungen genesen ist und Ferdl erbittet irdische und überirdische Mächte um Verzeihung für seine Tat und Hannis Tod. Ferdl wird nun der sagenhafte Edelweißkönig der Berge, die die Menschen, die guten Willens sind, mit Wohltaten beschenken. Eines der schönsten Kleinodien der Berge ist das Edelweiß, dass in den Alpen ab 1700 bis 3400 m wächst. Das Edelweiß fesselt seit jeher als ungekrönte Königin der Hochgebirgsflora die Bergbewohner. Viele Edelweißpflanzen wachsen oft in unzugänglichen Höhen und mancher Bergsteiger riskiert waghalsige Klettertouren, um ein Edelweiß des Hochgebirges pflücken zu können. Das Edelweiß wurde zum populären Symbol der Hochgebirgstouristik und steht unter strengen Naturschutz. Dem abgehärteten in verwegenen Höhen wachsenden Edelweiß werden mächtige Kräfte zugeschrieben wie die eines Löwen und in den Dolomiten heißt das Edelweiß „Stella alpina" der Alpenstern. Es soll Edelweißexemplare in Tirol gegeben haben, die 12 cm Durchmesser und 29 Hochblätter hatten, die Ende vorigen Jahrhunderts im Hochgebirge gefunden wurden.

Oberes Loisachtal Garmisch-Partenkirchen · Grainau · Farchant · Oberau

Heute erhalten wir zwar auch Edelweißpflanzen für den Garten, aber seine Heimat ist das Hochgebirge.

Japanischer Kaiser Hirohito 1.1.1946
Im Zusammenhang mit dem 2. Weltkrieg wurden am 6.8.1945 die ersten Atombomben von den Amerikanern auf Hiroshima und Nagasaki abgeworfen. Beide Städte wurden zu 80 % zerstört mit 200.000 Toten und die Überlebenden hatten an den Spätfolgen des

Kernwaffeneinsatzes noch lange zu leiden. Am 1.1.1946 verlangt der amerikanische Präsident Truman und die Vereinigten Staaten von Amerika, dass der göttliche japanische Kaiser Hirohito öffentlich seiner altjapanischen Auffassung der Göttlichkeit eines Kaisers abschwört und verneint. Unter dem Druck der Amerikaner trat am 3.5.1947 eine neue Verfassung in Japan in Kraft, nach der der Kaiser nur noch Symbol des Staates ist. Japan besteht aus mehreren Inseln mit einem Gebirge, das aus 12.000 m Tiefe vom Meeresboden aufsteigt. Der höchste Berg ist der Fuji mit 3776 m über dem Meeresspiegel.

Hugo Distler 1.1.1942
Der Komponist Hugo Distler geb. 24.6.1908 tötet sich in Nürnberg am 1.1.1942. Seine Werke werden von den Nationalsozialisten als entartete Kunst abgelehnt.

Die Verfassung von Italien 1.1.1948
Am 1.1.1948 tritt die Verfassung von Italien in Kraft. Das Recht des antiken römischen Staates entwickelte sich vom 5. Jahrhundert v. Chr. bis zum 6. Jahrhundert n. Chr. Das antike Recht wurde seit dem 6 Jahrhundert n. Chr. das geltende Recht im lateinisch schreibenden Europa und ist die Grundlage aller modernen Rechtsordnungen der westlichen Welt geworden.

Internationaler Silvesterlauf von Sao Paulo 1.1.1951
Erstmalig siegt ein Deutscher im Silvesterlauf in Sao Paulo. In der Silvesternacht 1951 gelang dem Deutschen Erich Kruczycki ein sensationeller Sieg im Silvesterlauf über die gesamten Boulevards von Sao Paulo. Erich Kruczycki gewann das Rennen über 9000 m und war eine große Überraschung für die Deutschen. 1975 wurden erstmalig auch Damen zum Silvesterlauf zugelassen. Die Deutsche Christa Wahlensieck gewann das Rennen der Damen. Im folgenden Jahr gewann sie erneut den Silvesterlauf der Damen. Die kleine deutsche Landshuterin Heidi Hutterer, eine kaum bekannte Sport-

lerin, gewann 1980 das Silvesterrennen für Damen in Sao Paulo. 1924 wurde der Silvesterlauf erstmals für Herren ausgetragen. Der Start erfolgte regelmäßig kurz vor Mitternacht, so dass die Teilnehmer das Ziel wenige Minuten nach dem Jahreswechsel erreichten. Der Silvesterlauf in Sao Paulo ist bei den Athleten sehr beliebt wegen der grandiosen Atmosphäre. Unbeschreiblicher Jubel, Böllerschüsse und ein riesiges Feuerwerk begleiten die Läufer auf ihrem Weg über die Asphaltstraßen, die Stimmung erinnert an den Karneval von Rio.

Kohle für Deutschland 1.1.1957
Am 1.1. 1957 wurde das Saarland mit der Hauptstadt Saarbrücken an der Saar, ein Nebenfluss der Mosel wieder ein Teil Deutschlands. Das Saarland hatte schon immer eine große Bedeutung im Bergbau, besonders im Abbau von Steinkohle. Die Hauptanwendungsgebiete von Steinkohle sind die Eisen- und Stahlherstellung. Mit der im Jahr 999 erstmalig erwähnten Burg von Saarbrücken begann die Entwicklung der Stadt Saarbrücken. Der höchste Berg der saarländischen Hügellandschaften ist der Teufelskopf (695 m), bei Weiskirchen. Die größte prähistorische Wallanlage Europas ist der Hunnenring bei Nonnweiler, die größten Steinbrüche Deutschlands befinden sich bei Freisen und ein wildromantischer Felsen- und geologischer Lehrpfad mit schönen Wanderwegen bei Kirkel. Im Mandelbachtal gibt es weitere gut markierte Wander- und Radfahrwege mit Grillplätzen und Blockhütten. Das Saarland, kleinstes Bundesland Deutschlands, bietet noch viele weitere kulturelle Sehenswürdigkeiten. Zum Neujahrstag wäre jedoch ein typischer Saarländischer Wein aus dem kleinen Weinort Ayl an der Saar nicht zu verachten.

Verfassung der Schweiz 1.1.1995
Am 1.1.1995 trat die Verfassung der Schweiz mit der Hauptstadt Bern in Kraft.

Insterburg 1.1.1945
Das Silvesterfest in Insterburg war durch Bombenangriffe des 2. Weltkrieges ausgefallen, denn am 21.1. 1945 wurde Insterburg von der russischen Armee besetzt und gehört seitdem zu Rußland. Kaum bekannt ist jedoch, dass der Erfinder des Reißverschlusses aus Insterburg stammt. Der Mittelschullehrer Carl Robert Viehofer patentierte seine Erfindung zum Schließen von Kleidungsstücken am 24.10. 1889 in Insterburg. Vier Jahre später wurde der Reißverschluss in Amerika als Patent angemeldet.

Eisenbahn 1.1.1994
Am 1.1. 1994 wurde das Bundesbahngesetz aufgehoben und die Allgemeinen Bundesbahngesetze von 27.12. 1993 traten in Kraft. Wer war der erste Erfinder der Eisenbahn? Die Weltstadt der Antike war Alexandria in Ägypten. Alexandria wurde von dem König Alexander dem Großen am Nildelta im Jahr 332/31 v. Chr. gegründet. Die Stadt Alexandria war damals die größte Handels-, Bildungs- und Kulturstätte der antiken Welt. Der erste Entdecker von Arbeitsmaschinen war der griechische Mathematiker Heron von Alexandria zur Zeit des römischen Feldherrn Julius Cäsar 100-44 v. Chr. Heron entwickelte automatische Arbeitsmaschinen und schrieb darüber sein Werk Mechanik. Wer im Altertum zur geistigen Elite gehörte, war am Museum von Alexandria tätig. Dieses berühmte Museum bestand bereits aus 700.000 Papyrus bzw. Buchrollen, in denen das gesamte Wissen des Altertums niedergeschrieben wurde. Das ägyptische Militär unter Führung der Schwester Arsinoe von Kleopatra rebellierte gegen die römische Besatzung in Alexandria und es kam zum alexandrinischen Krieg 48 v. Chr., in dem das alexandrinische Museum verbrannte. Kleopatra hingegen, der es gelungen war mit politischer Berechnung eine Beziehung mit dem Staatsmann Julius Cäsar zu haben, wurde nach dem Sieg von Julius Cäsar als Königin von Ägypten eingesetzt. Aus dieser Beziehung hatte Kleopatra 47 v. Chr. einen unehelichen Sohn geboren.

Später heiratete Sie den römischen Staatsmann Antonius, da ihre Beziehung zu Cäsar ehelos blieb. Diese familiären Verwicklungen führten später erneut zum Krieg. Ägypten, Griechenland und Römerreich hatten zur damaligen Zeit einen hohen Wissensstand, aber die jetzige Eisenbahn wie wir sie kennen wurde in England entwickelt. Im Jahr 1711 baute der englische Schmiedemeister Thomas Newcoman seine erste Dampfmaschine, doch diese Maschine war zu groß und zu schwer, um auf Schienen fahren zu können. 1784 gelang es dem Engländer James Watt kleinere und leichtere Dampfmaschinen zu bauen. 1814 baute der Engländer Richard Trevithick einen Dampfwagen, den er auf Schienen stellte und auf einem kleinen Schienenkreis fahren ließ. Fange mich wer kann hieß diese erste fahrende Eisenbahn, die erste neuzeitliche Eisenbahn der Welt. Die Maschine fuhr bereits 30 km/h, aber die Schienen hielten nicht auf längere Zeit und Strecken, sondern brachen unter der Last der Lokomotive entzwei. Die Erfindung von Trevithick geriet wieder einige Zeit in Vergessenheit wegen der Problematik der Schienen. Am 9.6. 1781 wurde in dem kleinen englischen Dorf Wylam der nächste Erfinder geboren. Sein Vater war Dampfmaschinenheizer in einem Bergwerk. Er war sehr arm und seine sechs Kinder konnten daher nicht die Schule besuchen. Mit acht Jahren wurde der neue Erfinder George Stephenson erst einmal Kuhhirte und später Hilfsheizer und mußte in der Abendschule schreiben und lesen lernen. Am meisten interessierte er sich für Dampflokomotiven. Er fing an, seine eigene Dampflokomotive zu bauen. Am 25.7. 1814 dampfte seine erste Dampflokomotive über die Gleise der Bergwerksbahn. Wenn das Eisen der Kesselwände von schlechter Qualität war und dem Druck des Dampfes nicht stand hielt kam es öfters vor, dass die Lokomotiven explodierten. Der Heizer mußte gut aufpassen, daß das Kohlenfeuer den Kessel mit Wasser stets zum Verdampfen brachte, denn mit diesem Dampf wurde die Dampflokomotive in Bewegung gesetzt und Energie erzeugt, die durch das Kohlenfeuer und aufgeheiztem Wasser als Dampf entstand, die dann auf die Kolben und die Räder der Dampflokomotive wirkte, so dass die

Dampflokomotive fahrbereit war. Es wurden jedoch immer bessere Lokomotiven entwickelt bis 1825 die erste öffentliche Bahnstrecke Manchester-Liverpool entstand und die Stephenson Lokomotive zum Einsatz kam. Es entstanden Streitigkeiten wegen der verschiedenen Lokomotiven und welche wohl die beste sei. Im Oktober 1829 wurde daher von der englischen Bahngesellschaft ein Wettbewerb ausgeschrieben, an dem jeder Erfinder von Lokomotiven teilnehmen konnte. Es wurde eine Strecke von 2,4 km bereitgestellt und jede Lokomotive mußte eine Mindestgeschwindigkeit von 16 km/h haben und ohne Panne die Strecke durchfahren. Das Rennen gewann die Lokomotive Rocket von Stephenson, sie erreichte eine Höchstgeschwindigkeit von 46,8 km/h. Zur damaligen Zeit war das ein großer Erfolg, wohingegen heute die Höchstgeschwindigkeit z.B. eines ICE 300 km/h ist. Die schnellsten Züge der Welt haben sogar eine Höchstgeschwindigkeit von 515,3 km/h, wie z.B. die Züge des französischen TGV-Atlantique. Wer allerdings etwas von der Landschaft sehen möchte, durch die die Eisenbahn fährt, ist mit weniger schnellen Zügen besser dran. Für Leute, die es nicht so eilig haben, gibt es auch Züge, die langsamer fahren. Die früheren ICE Züge fuhren mit 50 km/h. Die erste Personen Dampfeisenbahn in Deutschland fand am 7.12.1835 auf der Strecke Nürnberg-Fürth statt. Die erste Ferneisenbahn fuhr am 7.4.1839 von Dresden nach Leipzig. Der Erbauer war der Professor aus Dresden Andreas Schubert und er stand selbst in Frack und Zylinder als Lokomotivführer auf dem Führerstand, der ersten Ferneisenbahn in Deutschland. Ab 1914 setzte sich der Dieselmotor als Verbrennungsmaschine für die Eisenbahn durch. 1840 wird der Maschinenbauingenieur, Werner von (ab 1888) Siemens, geb. am 18.12. 1816, gest. am 6.12. 1892 in Berlin wegen Beteiligung an einem Duell zu 5 Jahren Festungshaft verurteilt. Er versucht seine Festungshaft dazu zu benutzen, sein Interesse an einer Elektromaschine weiter zu entwickeln, doch ein Jahr später wurde er begnadigt. Nach 27 Jahren Forschungsarbeit erfand Werner von Siemens u.a. eine Elektromaschine, die er als Dynamo der Öffentlichkeit, inzwischen zum erfolgreichen Fabrikanten geworden, am 17.1.1867 präsentierte. 1847 hatte Werner von Siemens mit dem Elektrotechniker J.G. Halske, geb. 3.7. 1814 gest. 18.3. 1890 in Berlin eine Telegraphenbau Firma gegründet. Im Mai 1879 wurde in Berlin-Treptow auf dem Gelände der Gewerbe- und Industrieausstellung vis-a-vis von der großen Gefängnisanlage und dem Kraftwerk Berlin-Lichtenberg von Siemens & Halske die erste Elektroeisenbahn der Welt ausgestellt, die von Siemens entworfen und gebaut wurde. Mit dem Dynamo begann das Zeitalter der Elektromechanik, die das Dampfverfahren mit Kohle und Heizkesseln verdrängte. In Treptow begann das Zeitalter der Eisenbahn. Heute werden die schnellsten Eisenbahnzüge mit Funk zur höchsten Geschwindigkeit angetrieben. Wer hohe Geschwindigkeiten nicht gut verkraftet, fährt lieber mit den konservativen Regionalzügen und kommt damit auch ans Ziel. Auf jeden Fall hat die Eisenbahn die gesamte Welt erobert und fährt rund um den Globus der Erde mit vielen unterschiedlichen Modellen, Geschwindigkeiten und Zielen. Die 1867 eröffnete Brenner-Eisenbahn ist die kürzeste Verbindung von München nach Italien. Auf der Passhöhe liegt der kleine Brennersee mit dem Grenzbahnhof.

Der Brenner, meist befahrener Alpenpass nach Italien

Abbau der Berliner Mauer Januar 1990
Der erste Abbau der Berliner Mauer begann am 9. November 1989, aber offiziell wurde die Mauer ab Januar 1990 abgebaut. Der Jah-

resbeginn von 1990 war das Ende einer lange geteilten Stadt. Am 4. November 1989, ein Tag vor dem ersten Fall der Mauer trafen sich eine Million Menschen auf dem Alexanderplatz, der Treffpunkt der früheren Ostberliner, um gegen die Politik der DDR zu demonstrieren. Am 3. Oktober 1990 fand die offizielle Wiedervereinigung von Deutschland und Berlin statt. Die Teilung Deutschlands zeigte sich nirgends so bitter wie in Berlin. Zwei miteinander unvereinbare politische Systeme haben die Stadt Berlin über Jahrzehnte unterschiedlich geprägt. Das Holocaust Mahnmal steht genau im Verlauf der ehemaligen Berliner Mauer und besteht aus 2711 unterschiedlichen hohen schwarzgrauen Betonklötzen. Der Alexanderplatz bleibt auch weiterhin ein beliebter Treffpunkt in Berlin-Mitte mit der Weltzeituhr, die 1969 erbaut wurde und aus 24 Feldern besteht, die den 24 Zeitzonen der Welt entspricht. Das Café auf dem 365 m hohen Fernsehturm auf dem Alexanderplatz dreht sich in einer Stunde um sich selbst. Die kleine zweitälteste Marienkirche auf dem Alexanderplatz von Berlin wurde im Jahre 1270 gebaut. Der Neptun-Brunnen stand ursprünglich auf der Spreeinsel und war ein Geschenk an Kaiser Wilhelm II. Wegen seiner Vorliebe für das Meer und der

Marine erhielt der Brunnen Verzierungen von Wasserfabeltieren und wurde auf den Alexanderplatz versetzt.

Der Ursprung von Berlin, der kleinen Stadt an der Spree ist das vor 800 Jahren gegründete Nikolaiviertel mit der Nikolaikirche, die sich auf dem ältesten Stadtgebiet von Berlin befindet. Die Nikolaikirche war ursprünglich als Schutzheilige geweiht für Seeleute, Kaufleute und dem heiligen Nikolaus nach dem Bischof von Myra gestorben 6.12.345. Nach ihm wurde der 6.12. zum Nikolaustag. Das Nikolaiviertel ist eine schöne Mischung aus dem 18.,19. Und 20. Jahrhundert mit vielen interessanten kleinen Geschäften und gemütlichen Gaststätten. Das rote Rathaus wurde im Jahre 1362 bis 1869 erbaut und ist der Sitz des regierenden Bürgermeisters von Berlin. Die Stadt Berlin soll 979 Brücken haben. Die meisten Brücken befinden sich in Berlin-Mitte, Charlottenburg und Treptow, wo es besonders viele Flussarme und Wasserläufe der Spree gibt. Geht man von der Karl-Liebknecht-Brücke zur Straße Unter den Linden, vorbei am Berliner Dom, dem Alten Museum, am Berliner Lustgarten und der Humboldt Universität gelangt man zum Brandenburger Tor. Rechts

vom Brandenburger Tor befindet sich das Reichstagsgebäude, das 1894 neu erbaut und eingeweiht wurde, 1933 von Gegnern der Regierung durch Brandstiftung zerstört und 1945 zerbombt wurde. Vom Brandenburger Tor blickt man direkt auf den Großen Stern mit der Siegessäule, die in Erinnerung an die Siege von 1864 bis 1871 erbaut wurde mit dem Siegesengel Victoria mit einem Adler auf dem Haupte und einem Siegeskranz in der Hand und dem Eisernen Kreuz in der anderen. Wer die 265 Stufen emporsteigt, wird mit einem Rundblick über Berlin belohnt. Quer durch den Tiergarten vorbei an der Siegessäule geht es auf verschlungenen Wegen entlang von angelegten Wasserläufen mit Statuen, Dichtern, Musikern und Königinnen bis zum Landwehrkanal, wo der Eingang des ehemaligen Oberkommandos der Wehrmacht des 2. Weltkrieges liegt. Im Ehrenhof dieses Gebäudekomplexes ist die Gedenkstätte des deutschen Widerstandes, die an die hier erschossenen Offiziere

u. a. Graf von Stauffenberg erinnert, die am 20. Juli 1944 das Attentat in der Wolfsschanze auf Hitler unternommen hatten. In Berlin befindet sich auch der älteste Zoo Deutschlands, der 1844 mit dem verzierten Elefantentor eingeweiht wurde. Als Mahnmal für die Zerstörungen des 2. Weltkrieges blieb die Ruine der Kaiser-Wilhelm-Gedächtniskirche auf dem Kurfürstentum stehen. Der 3,5 km lange Kurfürstendamm war einmal der bekannteste Einkaufsboulevard von Berlin, aber seit der Wiedervereinigung hat der Kurfürstendamm (Kudamm) an Bedeutung verloren, der Anziehungspunkt der Touristen ist Berlin-Mitte geworden. Das Olympiastadion in Berlin erhielt in den Jahren 2000-2004 große Umbauten. Die ersten Bauarbeiten am Stadion begannen 1934. 2600 Arbeiter arbeiteten immer gleichzeitig auf der Baustelle. Der Architekt, der das Olympiastadion entworfen hatte, war der Berliner Architekt Werner March. Von 1934-1936 ließ Hitler das Stadion für die 11. Olympiade erbauen, die am 1.8.-16.8.1936 stattfand und persönlich von Hitler eröffnet wurde. 3936 Sportler aus 49 Ländern der Welt nahmen teil. Die deutschen Sportler gewannen 33 Goldmedaillen. Das

olympische Feuer wurde im Zeus Tempel in Griechenland entzündet und in einem Fackellauf durch Berlin ins Olympiastadion gebracht. Die ersten olympischen Spiele gehen auf das Jahr 776 v.u.Z. zurück, da es noch die ersten Listen der griechischen Sieger gibt.

Die ersten römischen olympischen Spiele gehen auf den römischen Kaiser Nero zurück, der öffentlich als Wagenlenker, Sänger und Schauspieler auftrat und wurde in den Jahren 66-68 n. Chr. als Sieger bei den griechischen Festspielen gefeiert, später wurden auch römische olympische Spiele eingeführt. Das 2004 neu umgebaute Olympiastadion ist eine moderne sportliche Großanlage geworden, in der 1974 die Deutschen die Fußball-Weltmeisterschaft gewannen. Aber Sport war nicht immer beliebt, Bis zum 19. Jahrhundert galt Sport als unschicklich. Erst Turnvater und Gymnasiallehrer Friedrich Ludwig Jahn (1778-1882) machte bei den Berlinern den Sport beliebt. In der Hasenheide bei Berlin begann Turnvater Jahn mit öffentlichen Turnübungen, zu denen viele Berliner kamen, um mitzuturnen, aber wegen seiner allzu sportlichen Reden und öffentlichen Turnübungen kam Turnvater Jahn ins Gefängnis für einige Jahre. Das königliche Preußen verhängte Turnsperre. Erst später wurde Turnvater Jahn rehabilitiert und Turnen und Sport wurden zum Schulfach erklärt. Neben dem Tiergarten, Jungferneide, Humboldthain, ist der Grunewald die nächstliegende Grünanlage zur Innenstadt von Berlin. Vom Grunewald, der im Westen begrenzt ist von der Havel, im Osten von einer Seenrinne mit Hochmoore, gelangt man südlich zur Heerstraße in Charlottenburg, wo der Teufelsee mit dem Teufelsberg liegt, der mit einer 115 m hohen Anhäufung von Kriegstrümmern entstanden ist. Vom Grunewaldturm blickt man auf die Havel und dem großen Wannsee.

4. Prominente Geburtstagskinder
Geboren am 1.Januar

Lorenzo Medici
Ulrich Zwingli
Eduard Wölfflin
Wladimir von Kiew
Baron Pierre de Coubertin
Jeanne Lanvin
Papst Gregor XIII
Anne Duden
Edward Morgan Forster
Wilhelm Canaris

Lorenzo Medici 1.1.1449
Stadtherr von Florenz, Bankier und Dichter
Die Familie der Medici aus Florenz kam durch internationale Bankgeschäfte zu einem sagenhaften Reichtum und durch geschickte Politik in Zusammenarbeit mit den Bürgern (Volkspartei der popolani) zu politischem Ansehen und zu großer Macht im Stadtstaat Florenz. Vom 15. Jahrhundert bis Mitte des 18. Jahrhunderts beherrschen die Medici mit kleinen Unterbrechungen Florenz. Seit 1531 nannten sie sich Herzoge von Florenz, von 1569 an Herzoge von Toskana. Sie entstammten dem Bürgertum von Florenz, wirkten zuerst innerhalb der republikanischen Regierung des reichen Stadtstaates und wandelten dann diese politische Verwaltungsform klug und diplomatisch stärker zu ihren Gunsten ab. Die beiden absolut herausragenden Männer unter den Medici waren Cosimo der Alte (1389 bis 1464) und sein Enkel Lorenzo (1449 bis 1492), den sie „il magnifico", den Erlauchten nannten. Die Medici-Päpste Leo X., Clemens VII., Leo XI. und die Königinnen aus der Familie der Medici Katharina und Maria von Frankreich, Leo X. und Clemens VII. spielten eine wichtige Rolle im Zeitalter der Reformation. Anna Maria Lodovica, Kurfürstin von Pfalz-Neuburg, vermachte als letzte Medici (1667-1743) und Erbin die gesamte Medici Sammlung in einer großen Schenkung der Stadt Florenz. Schon im Laufe des 13. Jahrhunderts hatten sich in den Bankgewölben der Medici ungeheure Reichtümer angesammelt. Bankgeschäfte in aller Welt und Handelsniederlassungen in vielen Ländern brachten Riesengewinne. So ergab sich ganz zwangsläufig, dass sie auch in der Politik ein Mitspracherecht hatten, dass sie sich Freunde schufen (auch mit dem Gold aus ihren Schatztruhen) und dass eine Medici Partei entstand. So gelangte 1421 Cosimo Medici der Ältere in das höchste Amt der Stadt. Cosimo war ein genialer Finanzpolitiker. Die Fürsten aus ganz Europa kamen zu ihm, um sich Geld zu leihen. Der Florentiner Goldgulden war das sicherste Geld des Jahrhunderts. Er stand in hohem Kurs und wurde überall in Zahlung genommen. Cosimo setzte sich in der florentinischen Innenpolitik ohne Gewalt

durch, überstand einen Sturz durch das feindliche Adelsgeschlecht der Albizzi, konnte nach dem Todesurteil dank Bestechung fliehen und wurde nach einem Jahr vom Volk im Triumph zurückgeholt. Als Mäzen war er ebenso weltberühmt wie als Bankier. Er stiftete viele Bauten, förderte Künstler, legte Sammlungen an, gründete eine Akademie und stiftete die „Laurenziana", die erste öffentliche Bibliothek in Europa und stattete sie mit den kostbarsten Büchern aus. Lorenzo Medici starb am 8. April 1492. Er ging nicht nur als „der Erlauchte" in die Geschichte ein, nicht nur als glänzender Politiker und Diplomat, sondern auch als Philosoph und Dichter. Er ist Verfasser von zahlreichen Sonetten, Balladen, Kanzonen, Hymnen und kleineren epischen Dichtungen, die alle von seinen hohen Begabungen zeugen. Berühmt waren seine Karnevals-Lieder und die Masken-Umzüge, die er selbst gestaltete. Lorenzo wurde nur 43 Jahre alt.

Ulrich Zwingli 1.1.1484
Schweizer Reformator
Der schweizerische Reformator Ulrich Zwingli wurde am 1.1.1484 in Wildhaus in der Grafschaft Toggenburg geboren. Im Jahre 1500 war er in Wien immatrikuliert und betrieb humanistische Studien, die er zwei Jahre später in Basel fortsetzte, um sich zuletzt ausschließlich mit der theologischen Wissenschaft zu befassen. 1506 wurde Zwingli Pfarrer in Glarus, von wo aus er zweimal die schweizerischen Söldner als Feldprediger nach Italien begleitete und die hierbei gemachten Erfahrungen zu Predigten benutzte, die sich gegen die sittlichen Schäden richteten. Nach einer fast zehnjährigen Tätigkeit in Glarus wurde er Priester in Einsiedeln. Der Andrang der Wallfahrer zu dem dortigen wundertätigen Marienbild veranlasste ihn damals gegen den Aberglauben der Kirche aufzutreten. Noch wirksamer wurden seine reformatorischen Bestrebungen, nachdem er als Priester an das Großmünster in Zürich berufen war und in seiner Antrittsrede am 1. Januar 1519 erklärte, er werde die Heilige Schrift zur einzigen Grundlage seiner Predigten

machen. 1522 begann seine eigentliche reformatorische Tätigkeit damit, dass er eine Reihe von kirchlichen Gebräuchen wie die Fastengebote, die Heiligenverehrung und das Klosterleben in Wort und Schrift angriff. Nach einer zweimaligen öffentlichen Disputation war der Sieg der Reformation entschieden, Zürich sagte sich endgültig von der katholischen Kirche los. Der Reformationsgedanke Zwinglis beruht auf einer anderen Voraussetzung als der Luthers, obgleich beide in vielen Punkten die gleichen Ziele verfolgten und auch erreicht haben. Den Hauptunterschied in ihren Lehren war die Auffassung vom heiligen Abendmahl. Diese Gegensätze auszugleichen, war Landgraf Philipp von Hessen bedacht, er vermittelte im Oktober 1529 das Religionsgespräch auf dem Schloss in Marburg, aber seine Bemühungen führten gerade in der Abendmahllehre zu keiner Einigung. Zwingli starb am 11.10.1531.

Eduard Wölfflin 1.1.1831
Schweizer Philologe
Der Altphilologe Wölfflin wurde geboren in Basel, studierte dort Philologie und promovierte 1854 in Göttingen. 1856 wurde er Privatdozent in Basel, 1861 Professor am Gymnasium Winterthur. Hier schrieb er seine erste wichtige Arbeit „Livianische Kritik und Livianischer Sprachgebrauch" (1864). 1870 wurde er Professor in Zürich, 1880 in München, wo er bis 1905 lateinische Philologie lehrte. 1883 begründete er das „Archiv für lateinische Lexikographie und Grammatik mit Einschluss des älteren Mittellateins als Vorarbeit für einen Thesaurus Linguae Latinae" Sein Lebenswerk ist dieser Thesaurus selbst. Er hat mit dem „Archiv" den entscheidenden Anstoß gegeben und erreicht, dass die fünf deutschen Akademien vereint die Herausgabe des Werks (seit 1900) übernahmen. Vom König von Bayern geadelt und mit dem Maximiliansorden ausgezeichnet, Mitglied der Bayerischen Akademie der Wissenschaften, starb er am 8. November 1908 in Basel.

Wladimir von Kiew 1.1.1848
Wladimir von Kiew und Galicien, russischer orth. Theologe, geboren am 1.1.1848 in Tambow in Russland, wurde in der Oktoberrevolution in Russland am 25.1.1918 bei Kren ermordet. Ab 1898 war er Metropolit von Moskau. Wegen seiner kritischen Haltung gegen den russischen Wanderprediger Rasputin wurde er als Metropolit nach Kiew versetzt, wo er von einem Revolutionskommando erschossen wurde. Die russische-orthodoxe Kirche verehrt ihn als Märtyrer. Heiliger Tag ist der 25.1., der auch ein Gedenktag an alle verfolgten und ermordeten orthodoxen Christen ist.

Baron Pierre de Coubertin, 1.1.1863
Am 16. Juni 1894 traten die Abgeordneten aus Belgien, Spanien, England, Schweden, Amerika, Griechenland und Russland in der Pariser Sorbonne zusammen, um das „Internationale Olympische Komitee" zu gründen und für das Jahr 1896 die ersten Olympischen Spiele der Neuzeit in Athen vorzubereiten. Pierre de Coubertin war Leiter dieses Komitees. Coubertin wurde am 1.1.1863 in Paris geboren und starb am 2.9.1937 in Genf. Coubertin war Pädagoge, Historiker und Begründer der modernen internationalen olympischen Spiele. Er leitete das Olympische Komitee und entwarf die Olympische Flagge mit 5 bunten Ringen. Coubertin ließ eine Gedenkstätte errichten als seine letzte Ruhestätte in Griechenland. Um Coubertin zu verstehen muss man sich etwas mit der griechischen Geschichte von Olympia auseinandersetzen. Der Mythos berichtet, dass der Sohn Pelops von dem reichen kleinasiatischen König Tantalos, der am Berg von Sypylos von Smyrna lebte, den italienischen König Oinomaos von Pisa bei den Olympischen Spielen in Elis im Wagenrennen besiegt hatte und dafür seine Tochter Hippodameia zur Frau erhielt. König Oinomaos wollte seine Tochter nur demjenigen zur Frau geben, der ihn im Wagenrennen besiegt, aber er hatte dafür die Grausamkeit, wenn ein Wagen ihn überholen wollte, den Wagenführer von hinten mit der Lanze zu durchbohren. Nach dem Tod vieler Wagenführer wurde König Oinomaos von Pelops

durch Bestechung des Wagenführers Myrtilos besiegt, dieser hatte den Auftrag, den Wagen von König Oinomaos zu manipulieren, damit er das Wagenrennen verliert. König Oinomaos erlitt dabei den Tod und später hat Pelops den Wagenführer Myrtilos getötet und ihn ins Meer gestürzt, obwohl Myrtilos Pelops zum Sieg verholfen hatte. Myrtilos kam als Sternbild Fuhrmann in den Himmel. Auf Pelops Nachkommen lastete der Fluch des Myrtilos. Seit dieser Tragödie (dargestellt von Sophokles, Euripides und Schiller) soll das Wagenrennen Disziplin der Olympischen Spiele geworden sein, dass im Ostgiebel des Zeustempels dargestellt wird. Die olympischen Spiele seit 776 v. Chr. sollten die friedlichsten Wettkämpfe in Griechenland werden, die alle 4 Jahre zu Ehren von Zeus (griechisch) und Jupiter (römisch) ausgetragen wurden. Die olympischen Spiele entwickelten sich zu einem einzigartigen friedlichen sportlichen Wettbewerb und kulturellem Leben von 5 Tagen. Nach dem Vorbild der griechischen olympischen Spiele wurde von dem französischen Baron Pierre de Coubertin 1894 in Frankreich die olympischen Spiele eingeführt, die sich später zu einem weltweiten sportlichen Wettbewerb entwickelten. Bei den gegenwärtigen Spielen nehmen alle Nationen an den olympischen Spielen teil, die alle 4 Jahre in einem ausgewählten Land und Stadt zu einem friedlichen Wettbewerb stattfinden. Das Ursprungsland der olympischen Spiele bleibt jedoch Griechenland. Zwischen den beiden Flüssen Alpheios und Kladros entstand der olympische Geist der olympischen Spiele über Jahrhunderte. 1829 begannen deutsche Archäologen in Olympia und Ephesos zu graben. Leiter der Ausgrabungen war der Deutsche Ernst Curtius (1814-1896). 1876- 1881 wurden umfangreiche Ausgrabungen in Olympia durchgeführt, die fast das gesamte Heiligtum von Olympia mit großartigen Werken ans Tageslicht brachten, In Berlin wurde 1871 ein archäologisches Institut gegründet, von wo aus alle Ausgrabungen im Ausland finanziert und geleitet wurden, wie u.a. Grabungen in Karthago, Chanton, Olympia, Tyrus, Samos, Kerameikos, Pergamon, Milet, Theben etc. Zu Füßen des grünen Kronoshügels breitete sich der Heilige Bezirk Altis aus, ein rechteckiges Gebäude mit dem Zeus- und Heratempel und seinen unsterblichen Ruinen, den eindrucksvollen Säulen und Altären. Außerhalb des Altisbezirkes befindet sich das große Stadion der olympischen Spiele. Der älteste erhaltene Bau ist der Heratempel, der durch Feuer zerstört und 600 v. Chr. erneuert wurde. Der Tempel von Zeus, dem zu Ehren der griechische Volksheld Herakles, der sich Sohn von Zeus nannte, die alle 4 Jahre stattfindenden olympischen Spiele stiftete, ist ein ebenfalls gut erhaltener Tempel. Herakles war der beliebteste griechische Held und Sportler. Als der König Amphitryon von Theben, Gemahl der Alkmene, aus seinem Feldzug heimkehrte, hatte seine Gemahlin einen Sohn geboren. Da er nicht von dem König von Theben gezeugt war, wurde er als Sohn von Zeus bezeichnet. Herakles (ital. Herkules, Drama von Wieland, Wedekind, Dürrenmatt) wurde zum Staatskult und Beschützer der Athletik. Herakles musste 12 schwere Aufgaben verrichten und viele Abenteuer und Kämpfe bestehen und galt in der Antike als Held von Mut, Tapferkeit und Kraft (Gemälde von Dürer, Tintoretto, Rubens, Tiepolo). Herakles tötete u.a. den Löwen von Nemea mit bloßen Händen, dessen Fell er danach trug. Die Sieger der Olympischen Spiele erhielten einen Lorbeerkranz auf das Haupt anstatt Gold, Silber und Bronzemedaillen wie es heute üblich ist. Auch Caesar, Dante und Napoleon trugen als Zeichen ihrer Macht einen Lorbeerkranz auf dem Haupt. Der Lorbeerbaum war in der Antike ein hochgeschätzter Baum, der nicht nur als Siegerzeichen galt, sondern auch als hochgeschätztes Gewürz in guten Küchen verwendet wird. Während der olympischen Spiele brannte in einer Schale ein Feuer zu Ehren von Hera, der griechischen Schutzherrin der Frauen gleichgesetzt mit der Juno römische Schutzherrin. Dagegen wurde die griechische Mondfrau Hekate und die nordische Freia als Dämon und Feuerteufel verehrt, die mit brennenden Fackeln und anderen Gegenständen Schrecken verbreiteten. Seit 1936 werden bei den gegenwärtigen olympischen Spielen ein Feuer in Olympia entzündet egal in welchem Land oder welcher Stadt die Spiele stattfinden und in einem Fackellauf durch das Stadion getragen. Coubertin war so sehr mit Olympia verbunden, dass er ein Leben lang sein Vermögen für Olympia einsetzte. Ein Bild des olympischen Zeus schmückt die Gedenkstätte von Coubertin und eine Inschrift verkündet in Griechisch und Französisch das geschichtliche olympische Werk von Coubertin. Drei Fahnen wehen im Winde, die olympische, französische und griechische Fahne. Die auch heute noch gewaltige Einsamkeit der Natur, die erhabene Ruhe des Kronoshügels, der Duft der Fichten und die ehrwürdige Vergangenheit des antiken Griechenlands war der Platz, den Coubertin sich als letzte Ruhestätte wünschte.

Jeanne Lanvin 1.1.1867
Die französische Modeschöpferin Jeanne Lanvin wurde am 1.1.1867 geboren. Jeanne Lanvin eröffnete in Paris ein eigenes Hutgeschäft mit vielen Variationen in Hüten. In der Hutmode gab es ein auf und ab und das seit Jahrhunderten. Von Maxi, Midi, Minnihüten war alles vertreten. Ein besonderes Hutmodell für Damen war u.a. der Kalabreser Hut. Der Kalabreser Hut ist ein breitkrempiger Hut, der in der 1. Hälfte des 19. Jahrhunderts von Freiheitskämpfern aus Kalabrien getragen wurde. Später wurde er als Damenfilz- und Strohhut übernommen. Zu Beginn des 20. Jahrhunderts wurden die größten Hüte der Welt von Frauen getragen. Auf den englischen Rennsportveranstaltungen glänzten Frauen mit Hüten so groß wie Wagenräder. Eine Zeitlang wurde der Hut wieder kleiner als randloser Topf oder Glockenhut, um später wieder ein etwas breitkrempiger flacher Filzhut zu werden. Heute werden alle Variationen von Hüten in einem guten Modehaus angeboten. Jeanne Lanvin gründete weiterhin ein Modehaus in Paris und entwickelte eigene neue Kleidermodelle für Frauen. 1937 leitete sie das Haute-Couture Komitee der Pariser Weltausstellung. Sie starb am 6.7.1946.

Papst Gregor XIII 1.1.1503
Papst Gregor wurde am 1.1. 1503 in Bologna Italien geboren und starb in Rom an 10.4. 1585. Sein eigentlicher Name war Ugo Bu-

oncompagni ein besonderer Name, da Buoncompagni gute Gesellschaft bedeutet. 1582 führte Papst Gregor den gregorianischen Kalender ein.

Anne Duden 1.1.1942
Anne Duden, deutsche Schriftstellerin, wurde am 1.1.1942 geboren. Mit ihrer Erzählprosa setzt sie sich mit vielen sozialkritischen Problemen auseinander.

Edward Morgan Forster 1.1.1879
Britischer Erzähler und Essayist
Er schrieb nur, weil es ihm Spaß machte und nicht, weil er damit Geld verdienen musste. Edward Morgan Forster war wirtschaftlich unabhängig. Damit waren ihm alle literarischen Theorien, die irgendwann irgendwer aufgestellt hatte, völlig gleichgültig. Er sah sich nicht dazu verpflichtet sie auch nur zu kennen. Er schrieb so, wie es ihm passte. Wer das nicht lesen wollte, sollte es sein lassen. Er schrieb leicht ironisch und kritisch über die britische Gesellschaft. Gelegentlich wurde er der „englische Fontane" genannt - wobei letzterer freilich sehr wohl auf seine Honorare angewiesen war. Sein erster Roman erschien 1910, hieß „Howards End" und handelte von der Londoner Society. Sein Erstling machte ihn mit einem Schlag bekannt. Einige Romane wurden verfilmt. Nach diesem Bucherfolg ließ sich der Autor vierzehn Jahre Zeit, dann aber veröffentlichte er das Buch "Auf der Suche nach Indien", das ihn weithin berühmt machte. Er schildert darin seine Erlebnisse und Erfahrungen als Sekretär eines Maharadschas. Weitere 35 Jahre vergingen, bis sein antikolonialistisches und letztes, biographisches Romanwerk erschien. Es heißt „Marianne Thornton" nach seiner reichen Erbtante. Edward M. Foster starb am 7. Juni 1970 im Alter von 91 Jahren in Coventry.

Wilhelm Canaris 1.1.1887
Wilhelm Canaris legendärer und umstrittener Abwehrchef von Hit-

ler war Offizier zur See bei der Kaiserlichen Marine Wilhelm II. Als der erste Weltkrieg 1914-1918 ausbrach war Canaris mit verschiedenen Schiffen in der ganzen Welt unterwegs um die deutschen Interessen wegen der Kriegserklärungen zu vertreten. Unmittelbarer Kriegsanlass von Österreich war die Ermordung des österreichischen Thronfolgers Erzherzog Franz Ferdinand am 28.4.1914 in Sarajewo. Nachdem Serbien ein österreichisches Ultimatum abgelehnt hatte, erklärte Österreich am 28.7.1914 Serbien den Krieg. Kaiser Wilhelm II. sagte Österreich Deutschlands Beistand im Falle eines Krieges zu. Die europäische Bündnisverpflichtung setzte einen militärischen Mechanismus in Kraft, so dass viele Staaten in den 1. Weltkrieg verwickelt wurden. Die Türkei erklärte Russland den Krieg, schwere Kämpfe fanden zwischen Russland, Balkan und Türkei statt. Die Generalmobilmachung Russlands fürchteten die Deutschen und erklärten Russland am 1.8.1914 den Krieg. Japan erklärte am 23.8.1914 den Krieg gegen Deutschland und England und Frankreich erklärten Deutschland am 3.8.1914 den Krieg. Am 6.4.1916 erklärten die Amerikaner Deutschland den Krieg. Am 7.1.1917 helfen die Deutschen, die Lenin eine Summe von 55 Millionen Rubel zahlten, dass Lenin aus dem westlichen Exil nach Russland zurückkehren konnte. Und später zahlten die Deutschen noch einmal 50 Millionen Rubel an Lenin und hofften auf die Beschleunigung der russischen Verhandlungsbereitschaft zum Frieden. Am 22.12.1917 finden die ersten Friedensverhandlungen zwischen Russland und dem Mittelmeer statt. Am 17.4.1917 stellt sich Lenin an die Spitze der sozialdemokratischen Arbeiterpartei in Russland. Lenin erstellt seine Aprilthesen und fordert sofortigen Frieden. Aber die deutsche Monarchie ist nicht mehr zu retten. Die Revolution von Karl Liebknecht und Rosa Luxemburg 1918/1919 zwingt Wilhelm II. am 9.11.1918 abzudanken und ins Exil zu gehen. Rosa Luxemburg und Karl Liebknecht werden am 15.1.1919 im Auftrag von Noske, Pabst und Canaris ermordet. Am 18.1.1919 findet die Friedenskonferenz in Paris statt, am 16.6.1919 erhält Deutschland das Ultimatum, den Friedensvertrag zu unterzeichnen und die alleinige Schuld von Deutschland am 1. Weltkrieg anzuerkennen. Wenn man die vielen napoleonischen Kriege in Europa und andere militärischen Auseinandersetzungen studiert, ist die alleinige Schuld von Deutschland am 1. Weltkrieg nicht richtig. Trotz des Friedensvertrages besetzen Belgien und Frankreich das deutsche Ruhrgebiet, Deutschlands wichtigste wirtschaftliche Existenz und verlangen unerbittlich harte Reparationsleistungen. Am 14.10.1933 findet die zweite internationale Abrüstungskonferenz statt. Deutschland erhält nicht die Gleichberechtigung wie andere Mächte und verlässt die Konferenz und tritt aus dem Völkerbund am 9.10.1933 aus. 1933 kommen in Deutschland die Nationalsozialisten mit ihrem Führer Adolf Hitler an die Macht. Deutschland befindet sich in einer schweren wirtschaftlichen Krisensituation. Hitler fordert die Revision des Versailler Vertrages von 1919 und die Gleichberechtigung für Deutschland. Der umstrittene Wilhelm Canaris erlebt den ersten und zweiten Weltkrieg als Offizier der Marine. Von 1935 – 1945 war Canaris Leiter des Kriegsministeriums und Chef des Amtes der Auslandsabwehr von Hitler. Nach dem Attentat von Oberst Graf von Stauffenberg im Hitlerhauptquartier

ehemaliges Amt Canaris
Reichspietschufer Berlin
Wolfsschanze bei Rastenburg am 20.7.1944 setzte eine Maschinerie von Untersuchungen ein. Oberst von Stauffenberg, Ritter Alb-

recht Mertz von Quirnheim, General F. Olbrich, Oberleutnant Werner von Haeften wurden direkt nach dem Attentat im Bendlerblock in Berlin als Attentäter am 20.7.1944 erschossen. General Beck und Oberst Henning von Tresckow töteten sich selbst direkt nach dem Attentat. Weitere Attentäter wurden am 8.8.1944 in Berlin Plötzensee hingerichtet, wo bereits ab 1933 – 1945 über 2000 Widerstandskämpfer wie u.a. auch verfolgte Sozialdemokraten hingerichtet wurden. Am 30.8.1944 wird Karl Heinrich von Stülpnagel und Oberbefehlshaber in Frankreich von 1942 – 1944 als Attentäter in Berlin hingerichtet, am Tag der Vernichtung von Königsberg. Am 30.8.1944 bombardierten und verbrannten die Engländer die größte Bibliothek der Welt von 690.000 Büchern der Uni Albertina und das Schloss Königsberg. Wilhelm Canaris wurde als Racheakt am 9.4.1945 im Konzentrationslager Flossenbürg hingerichtet am Tag der Besetzung von Königsberg am 9.4.1945 durch die russische Armee.

Canaris Amt Potsdam

Inschrift Berlin Plötzensee
„Widerstandpflicht heißt nicht Pflicht zum Tyrannenmord, nicht Pflicht zu Aufständen und Gewalttaten. Der einzelne mag hierzu berechtigt sein, eine Pflicht zu Gewalttaten besteht nicht wohl aber besteht eine Pflicht zur Gehorsamsverweigerung wenn Verbrechen

befohlen werden oder eine Verletzung der eigenen Menschenwürde oder der Menschenwürde anderer gefordert wird."

Als man in den Geheimakten das Tagebuch von Canaris fand, wurde festgestellt wie viele Aktivitäten gegen das Hitlerregime von Canaris gedeckt wurden. Nachdem Hitler davon erfuhr wurde Canaris binnen weniger Wochen verhaftet. Ein früheres Attentat auf Hitler fand am 21.März 1943 durch Oberst von Gersdorff im Zeughaus von Berlin statt. Der Offizier, ein entschlossener Widerstandskämpfer, war zum Selbstopfer bereit und trug eine Bombe am Körper mit einem 10-Minuten-Zünder bei sich. Es gelang ihm jedoch nicht, Hitler 10 Minuten in der Ausstellung festzuhalten. Hitler hastete durch die Räume und hatte nach 3 Minuten den Ausgang erreicht. Der Anschlag war mißlungen. Das älteste Gebäude Unter den Linden ist das Zeughaus, das von König Friedrich I erbaut und später von König Wilhelm I zur Ruhmeshalle der preußischen Armee ernannt wurde, wo man Waffen und andere Kriegsgeräte ausstellte. Die Nationalsozialisten unter Hitler verwendeten den Lichthof des Zeughauses für Kriegspropaganda. Heute werden dort alte Rüstungen, Kostüme, Möbel und moderne Gegenstände aus der deutschen Vergangenheit ausgestellt.

Wilhelm Canaris wurde am 1.1.1887 in Dortmund geboren. Er hatte sich schon jung auf dem Gymnasium für eine Laufbahn als Berufsoffizier entschlossen. Zu der Zeit war Kaiser Wilhelm II. an der Macht. Kaiser Wilhelm II. hatte das Ziel, Deutschland in den Rang einer Seemacht von Weltgeltung zu erheben. Der damals 29 Jahre junge Kaiser versicherte einigen Marineoffizieren, seine letzten Gedanken würden bei der Marine sein und der Armee gelten. Gerade die modernen Militärs forderten die Einstellung von technisch und wissenschaftlich gut ausgebildetem Nachwuchs. Wilhelm II. unterstützte diese neue Entwicklung in bedeutendem Maße. Durch allerhöchstes Kabinettsgesetz vom 29. März 1890 konnte nun neben dem „Adel der Geburt" auch der „Adel der Gesinnung" das Recht beanspruchen, Offizier zu werden. Als Träger der Zukunft waren jetzt auch Söhne aus gutbürgerlichen Häusern zugelassen. Wilhelm Canaris war der Prototyp dieser zukünftigen Offiziere. Doch die Familie, der Vater war Leiter bei der Bergbau- und Hüttenwesen AG in Dortmund, war nicht sehr begeistert von dem Wunsch seines Sohnes, Berufsoffizier bei der Marine zu werden. Am 1.4.1905 meldete sich Wilhelm Canaris zwei Wochen nach seinem bestandenen Abitur bei der alten Deckoffiziersschule in Kiel als Seeoffiziersaspirant. Seine Mutter hat dem Wunsch des Sohnes nachgegeben und ihn bei der Seekadettenannahmekommission angemeldet. Sie verpflichtete sich sogar, die nicht unerheblichen Kosten, der Vater war inzwischen im Jahre 1904 gestorben, für die ersten 4 Jahre der Ausbildung zu tragen. Für Canaris begann nun die harte Zeit der militärischen Ausbildung, Exerzieren, Apelle, Wache stehen, Geländeübungen, Waffenkunde und wurde mit 50 anderen Kameraden dem Schulschiff der kaiserlichen Marine „Stein" zugestellt. Zum Jahresbeginn 1906 war die erste große Fahrt der Seekadetten zu Ende. Canaris wurde zum Fähnrich zur See befördert. Am 1.4.1906 begann für zwölf Monate die Ausbildung zum Offizier, in der man lernen sollte, künftig zu der militärischen und gesellschaftlichen Elite zu gehören. Sie wurden auf die strengen Ehrbegriffe des Seeoffizierscorps verpflichtet. Im Herbst 1906 konnte Canaris seine Prüfung ablegen und schwor auf dem Hof der Marineschule gemeinsam mit seinen Kameraden den Eid auf den Kaiser Wilhelm II. Das erste Kommando, das er erhielt brachte den 22-jährigen in die große weite Welt. 1907 schiffte Canaris sich auf dem Dampfer „Cap Fio" ein, der ihn in 24 Tagen zum Ort seiner ersten Bestimmung brachte an die Ostküste Mittel- und Lateinamerikas. Am 28.9.1908 wurde er zum Leutnant zur See befördert. Eine glänzende Karriere schien vorherbestimmt, aber das Schicksal nahm einen anderen Lauf. Mit dem Schiff "Sachsenwald" nahm er 1910 Kurs auf die Heimat. 1913 inzwischen zum Offizier aufgestiegen, brach 1914 der erste Weltkrieg aus. Wieder musste Canaris in die Welt hinaus. Am 24.10.1916 erhielt Canaris das Eiserne Kreuz 1. Klasse der kaiserlichen Marine Wilhelm II. Der Abwehrchef von Hitler Wilhelm Canaris war ein lebenlang kein Anhänger der Demokratie, weshalb er nur entgegengesetzte Interessen vertrat.

5. Geschichten zum 1. Januar

Abendmahl von Leonardo da Vinci
Schliemann - Ich werde Troja finden
Der seltsame Tod von Lord Carnarvon
Silvesterfeuerwerk in Trier, die
älteste Stadt Deutschlands
Die ersten Entdeckungen
Die blühenden Sträucher im Januar

Das Abendmahl von Leonardo da Vinci
Der Herzog von Mailand Lodovico Sforza Visconti mit seinen Begleitern standen eines Tages im Dominikanerkloster Santa Maria delle Grazie in Mailand und betrachteten, ohne ein Wort zu sagen, das berühmte Abendmahl mit Jesus und seinen Jüngern, welches der Künstler Leonardo da Vinci aus Florenz gerade damals malte. Leonardo da Vinci hatte es sehr gern, wenn jeder, der seine Malerei betrachtete, ganz frei seine Meinung darüber äußerte. Oft pflegte er von Sonnenaufgang bis Abenddämmerung niemals den Pinsel aus der Hand zu legen, sondern unaufhörlich zu malen, wobei er Essen und Trinken völlig vergaß. Es kam aber auch vor, dass er zwei, drei, vier Tage nicht daran arbeitete, aber ein oder zwei Stunden täglich vor seinem Bild verweilte, wobei er nichts anderes tat als seine Figuren auf dem Bild zu betrachten, zu prüfen und einige Änderungen in Erwägung zog. Wenn ihm seine Lust und Laune anwandelte, ging er um die Mittagszeit, wenn die Sonne am höchsten stand, von der Corte Vecchia geradewegs zum Reiterstandbild von Francesco Sforza, das er als Bildhauer für Francesco Sforza geschaffen hatte und weiter zum Kloster Santa Maria delle Grazie, stieg auf sein Gerüst vor seinem Bild, griff zum Pinsel, um einer seiner Figuren auf dem Bild ein oder zwei Pinselstriche zu geben und sogleich wieder fortzugehen. Unter den Begleitern des Herzogs von Mailand befand sich auch der Kardinal von Gurk. Man sprach von vielen Dingen und vor allem von der Malerei, wobei einige den Wunsch äußerten, doch noch einige andere Bilder sehen zu können, die von den großen Malern des Altertums so geschätzt wurden. Dabei fragte der Kardinal von Gurk Leonardo da Vinci, wie hoch sein Gehalt als Maler bei Herzog Lodovico Sforza sei. Leonardo gab ihm zur Antwort er bekomme gewöhnlich 2000 Dukaten und Ehrengaben, die ihm der Herzog in sehr freigiebiger Weise zukommen ließ. Dem Kardinal schien dies eine hohe Summe zu sein. Hierauf erzählte Leonardo da Vinci, dass hervorragende Maler stets hoch geschätzt wurden. So wurde zum Beispiel der Maler und Mönch Fra Filippo aus Florenz von den Mauren gefangen und zum Sklaven gemacht.

Wegen seiner Malkunst wurde er aber wieder befreit und geehrt. Der berühmte antike Maler Apelles stand bei Alexander dem Großen in höchsten Ansehen und war so vertraut mit ihm, dass Alexander der Große oft in seine Werkstatt kam, um Apelles malen zu sehen. Als Alexander der Große mit seinen Begleitern über die Malerei diskutierte und allerlei redete, was wenig Sachkenntnis verriet, tadelte ihn Apelles. Alexander der Große, der leicht reizbar war strafte ihn dafür nicht, sondern er ließ öffentlich erklären, dass nur Apelles ihn malen solle. Der Mönch und Maler Fra Filippo erlangte eine solche Vollkommenheit im Malen, dass er sein Mönchsgewand auszog und freier Maler wurde. Er malte bedeutende Bilder für Cosimo de Medici. Aber es kam auch vor, dass er oft Tage und Wochen gar nichts malte. Eines Tages fuhr Fra Filippo mit einigen Freunden in einem kleinen Boot zu einer Vergnügungsfahrt hinaus aufs Meer. Da wurden sie plötzlich von einem Kaperschiff des Abdul Mauman, der damals Großkosar der Küste Barberien war, überfallen und gefangen genommen und zu Sklaven gemacht. Alle wurden an die Kette gelegt und in die Berberie verschleppt, wo sie ungefähr anderthalb Jahre gefangen waren. Eines Tages malte Fra Filippo den Großkorsar Abdul Mauman mit Kohle an eine Mauer und so naturgetreu, dass alle darüber erstaunt waren, da die Malerei in ihrem Lande nicht bekannt war. Da befreite ihn Abdul Mauman von der Kette und ließ von ihm viele Bilder malen. Aus Achtung bekam Fra Filippo viele Geschenke und eines Tages ließ er Fra Filippo mit seinen Begleitern frei und brachte sie über das Meer zurück nach Neapel. Zurück in Italien malte er für den Papst Eugen viele Bilder und Papst Eugen wollte ihm dafür seine Tochter Lucrezia zur Frau geben. Fra Filippo dankte ihm, aber eine Heirat mit Lucrezia lehnte er ab, da er seine Freiheit behalten wollte. Leonardo da Vinci wurde am 18. April 1452 in Anchiano bei Vinci Florenz geboren und starb am 2. Mai 1519. Nach langjähriger Tätigkeit am Mailänder Hof von Herzog Lodovico von Sforza ging Leonardo da Vinci 1513 zurück nach Florenz und 1516 nach Frankreich an den französischen Hof, wo er am 2. Mai 1519 auf Schloss Cloux bei Amboise starb.

Leonardo da Vinci war ein vielbegabter Maler, er war ein Universalgenie wie kein anderer seiner Zeitgenossen. Er konstruierte als Erfinder zahlreiche Geräte, Fallschirme, Fluggeräte, Kräne, Schleudern, Fahrräder und andere Fahrzeuge. Er vereinigte Kunst, Wissenschaft und Philosophie zu bedeutenden Werken.

„Abendmahl" von Leonardo da Vinci

Ich werde Troja finden
Heinrich Schliemann, Kaufmann und Privatarchäologe wurde am 6.Januar 1822 in Neubukow in Mecklenburg-Vorpommern geboren und starb am 26. Dezember 1890 in Neapel. Heinrich Schliemann war der Sohn eines evangelischen Pastors in Ankershagen. Schliemann besuchte die Schule mit seiner Schulfreundin Minna Meincke. Sie lasen oft gemeinsam in der Ilias von Homer und dann sagte Schliemann zu Minna Meincke „Ich werde eines Tages Troja finden". Minna Meincke riet Schliemann immer wieder zur Entdeckung von Troja, aber der Vater von Schliemann hatte wenig Geld für ein Studium und so verdiente Schliemann nach Beendigung des Gymnasiums in Neustrelitz erst einmal in kleinen Anstellungen in Hamburg etwas Geld. Heinrich Schliemann war sehr arm, oft konnte er sich im Winter nicht einmal einen Mantel kaufen. Er wollte Minna Meincke heiraten, aber als er sie später besuchte, war sie bereits verheiratet. Schliemann heiratete später eine Griechin. Am

28. November 1841 verlässt Schliemann als Schiffsjunge Hamburg und muss seinen Traum von der Entdeckung Trojas erst einmal begraben. Auf der Schiffsreise in Richtung Venezuela ging das Schiff nach zehntägiger Reise bei einem Sturm unter. Schliemann wurde gerettet und kehrte vollkommen verarmt nach Hamburg zurück. In den nächsten Jahren lernte Schliemann ganz für sich alleine u.a. die Sprachen Französisch, Englisch, Italienisch, Spanisch und Holländisch. Heinrich Schliemann war das größte Sprachgenie seiner Zeit. Er wohnte in den Jahren armselig und fror den ganzen Winter hindurch. Schliemann konnte sich nach 2 Monaten in alleiniger Beschäftigung mit einer Sprache in Wort und Schrift geläufig ausdrücken und schreiben. Er wurde Fremdsprachenkorrespondent und Kaufmann bei der Firma Schröder in Hamburg. 1844 lernte er Russisch und konnte nach zwei Monaten Geschäftsverhandlungen mit russischen Kaufleuten führen. Zwei Jahre später schickte ihn die Firma Schröder nach Russland als Chef einer Zweigniederlassung in Petersburg. Im Jahre 1847 machte er sich selbständig und gründete in Petersburg ein eigenes Büro und erwarb ein großes Vermögen als Kaufmann. Weiterhin wurde Schliemann Direktor der Staatsbank St. Petersburg in Russland. 1853 verdient Schliemann am Krim-Krieg, er handelt mit Nahrungsmitteln, Waffen und anderen Gebrauchsgütern. Einige Jahre später verdient Schliemann am amerikanischen Bürgerkrieg 1861 - 1865 wegen der Sklavenhaltung in den Südstaaten der USA, wodurch Schliemann auch an der Sklavenbefreiung mitwirkte. Nach Beendigung des Krim-Krieges 1856 erlernte Schliemann in sechs Wochen das Neugriechische und in weiteren 3 Monaten das Klassische Griechisch. Wenn Plato von mir einen Brief erhielte, müsste er ihn verstehen, sagte Schliemann. Das Glück des einstigen armen Pastorensohns in seinen geschäftlichen Unternehmen begleitet ihn fast unheimlich. Er verdient auch weiterhin an Tee, Kaffee und anderen Nahrungsmitteln und Gebrauchsgütern. Seinen Schiffen kann kein Sturm etwas anhaben. Als ein Großbrand im Hafen von Memel alle Lagerhallen vernichtet, bleiben nur Schliemanns Speicher unversehrt, denn seine Wa-

gen hatte man aus Platzmangel zufällig etwas abseits untergebracht. Mit 46 Jahren kann Schliemann sich als Millionär von seinen Geschäften zurückziehen und sich ausschließlich seinen Privatinteressen widmen. Er reist nach Griechenland, Tunesien, Indien, China, Japan, schreibt über seine Reisen und bereitet sich systematisch auf seine große Aufgabe vor seinen Traum von der Entdeckung von Troja zu verwirklichen. 1868 fährt er nach Ithaka und durchstreift den Peloponnes: Er besucht die historischen Schauplätze des alten Griechenlands und veröffentlicht zum Jahresende 1869 sein erstes Buch „Ithaka". Aufgrund seiner Studien von Jugend an über Homer und dem berühmten Epos Ilias beginnt er 1870 auf eigene Kosten mit den Ausgrabungen von Troja, nachdem Schliemann alle seine Schiffe verbrannt hatte und aus dem ehemaligen Direktor der Staatsbank von St. Petersburg ein Privatgelehrter geworden ist. Und wieder begleitet Schliemann ein unfassbares Glück. Er sucht Troja nicht dort, wo die zeitgenössischen Fachleute Troja vermuten, sondern er nimmt seinen Homer zur Hand und vertraut ihm sozusagen blind. Die Ilias von Homer schildert den Kampf um Troja. Der trojanische Krieg wurde von Paris verursacht. Bei einem Streit um die Schönheit erhielt Aphrodite als die Schönste den Apfel von Paris, dem Sohn des Königs von Priamos von Troja. Als Dank dafür verhalf Aphrodite Paris zur Entführung der schönen Helena, der Frau des Königs von Menelaos von Sparta, wodurch der trojanische Krieg ausbrach.

Die Ilias goldener Palast des Königs Nestor von Pylos Baumeister und Künstler Hephaistos

10 Jahre von 1194 bis 1184 v. Chr. bekämpften die griechischen Helden wie u.a. König Agamemnon von Mykene und Oberbefehlshaber des griechischen Heeres, Achilles, Sohn des Königs Peleus von Phitia in Thessalien, Nestor König von Pylos, Odysseus König von Ithaka und König Menelaos von Sparta die Stadt Troja. Nach endlosen Kämpfen zogen sich die Griechen scheinbar von Troja zurück. Den Sieg über Troja brachte erst die List von Odysseus. Die Griechen hinterließen ein trojanisches hölzernes Pferd als Opfer für die Götter von Troja, in dem sich griechische Krieger wie Odysseus und andere versteckten. Sie warteten auf einen günstigen Angriffszeitpunkt, nachdem die Trojaner das Pferd in die Stadt Troja geholt hatten. Die griechischen Krieger öffneten das Tor von Troja von innen und ließen das griechische Heer hinein. Die Trojaner wurden überfallen und ihre Stadt Troja zerstört und verbrannt. König Menelaos holte seine Frau Helena nach Sparta zurück und König Agamemnon wurde nach seiner Rückkehr nach Mykene von seiner Frau Klytämestra erschlagen, weil er seine Tochter lphigenie geopfert haben sollte. Der Aberglaube der Menschen in der Antike war tragisch. Ein Seher Kalchas verlangte, dass der König Argamemnon seine Tochter lphigenie opfern sollte, damit die Flotte schadlos nach Griechenland heimkehren könne. Anstatt lphigenie wurde eine Hirschkuh geopfert und lphigenie auf der Insel Tauris gefangen gehalten. Später floh sie von Tauris nach Griechenland. Alle geographischen Hinweise, die in der Ilias von Homer enthalten sind, nimmt Schliemann wörtlich und hat großen Erfolg. Er vergleicht Hügel, misst Straßen nach, sucht nach Ruinenresten und Scherben und 2,5 Wegstunden entfernt von der Stelle, wo die anderen Troja vermuteten findet Schliemann die Überreste seiner Traumstadt Troja mit einem der größten Goldschätze der Antike. Seinem Finderglück verdankt man die Goldschätze von Troja, die Schliemann dem deutschen Volk zum ewigen Besitz und ungetrennter Aufbewahrung in der Reichshauptstadt Berlin schenkte, nachdem Schliemann 10.000 Goldfranken als Entschädigung für den Fund und 40.000 Goldfranken an das Museum Istanbul

gezahlt hatte. 1881 gelangte der Schatz von Troja in das Berliner Museum für Vor- und Frühgeschichte. Gemäß dem Potsdamer Abkommen 1945 wurde alles Gold unter den Siegermächten verteilt. Nach Russland gelangte der Schatz von Troja als Beutegut, wo er ab 1945 im Museum in Moskau ausgestellt war. Das berühmte russische Bernsteinzimmer, das 1755 von Kaiser Wilhelm I. an Zar Peter I. geschenkt wurde und von der deutschen Wehrmacht im 2. Weltkrieg als Kriegsbeute ins Königsberger Schloss gebracht wurde, galt jedoch über Jahrzehnte als verschollen. Das Bernsteinzimmer gelangte jedoch nach Amerika, wo es 1980 vom Besitzer verbrannt wurde. Es wurde total zerstört und seit März 2003 befindet sich ein neu erstelltes Bernsteinzimmer in Puschkin. Der Bernstein wird seit dem 16. Jahrhundert v. Chr. auf Landwegen in den Süden gehandelt. Schon Aristoteles, Theophrast, Plinius und Homer kannten den Bernstein. Die griechische Legende des Heliokultes berichtet, dass der Sohn Phaeton von Helios sich wünschte, einmal den Sonnenwagen seines Vaters lenken zu dürfen. Phaeton verlor die Gewalt über die einherstürmenden Rosse des Sonnenwagens und geriet aus der Sonnenbahn und ein gewaltiger Brand entstand. Er stürzte in den Fluss Eridanos und seine Schwestern die Sonnentöchter, Heliaden genannt, wurden am Ufer des Eridanos in Pappeln verwandelt und ihre Tränen in versteinerte Bernsteine. Heute weis man jedoch, dass die Bernsteine das Harz der Kiefern sind, die 50 Millionen Jahre alt sind und vor langer Zeit von der Ostsee überflutet wurden. Große Bernsteinlager befinden sich am Boden der Ostsee. Der Bernstein ist jedoch in Wirklichkeit kein Sonnenstein, da er kein Licht reflektieren kann und gehört nicht zu den Edelsteinen. Die Auffassung des Heliokultes hinsichtlich der Sonne genügte den antiken Griechen nicht mehr. Sie fingen an, die Sonne zu erforschen. Den Sonnenaufgang und Sonnenuntergang mittels Felsen und Bäumen zu messen und Zeiten zu berechnen bis die ersten Sonnenuhren und Sternwarten gebaut wurden. Heute gibt es keine Götter mehr. Licht und Wärme kommen von der Sonne, die kein Planet, sondern ein Stern ist, bestehend aus Atomen, der

unermüdlich Atomkerne verschmilzt. In einer einzigen Minute erreicht uns mehr Energie von der Sonne als auf der Erde innerhalb eines Jahres erzeugt werden kann. Das Licht der Sonne bewegt sich mit einer Geschwindigkeit von 300.000 km/s durch die Galaxie. Ein Lichtstahl der Sonne zur Erde dauert 8 Minuten.
1871 beginnt Schliemann zusammen mit seiner griechischen Frau Sophie die kleinasiatische Hafenstadt Troja unter dem Hügel von Hissarliks mit 100 Arbeitern auszugraben. Zeitlich wurden neun verschiedene Grabungsschichten freigelegt, denn Troja ist eine 3000 bis 300 v. Chr. alte Stadt, die mehrmals vernichtet und wieder aufgebaut wurde. Das goldene Troja und den trojanischen Krieg von dem Homer berichtet, ist die Schicht um das Jahr 1194 v. Chr. Unbeirrt von bürokratischen Hemmnissen und unter dem Hohngelächter der Fachkollegen grub Schliemann unerrnüdlich weiter und im Laufe der Jahre 1870 bis 1890 fand Schliemann nicht weniger als neun versunkene Städte von Troja und den Goldschatz des Königs Priamos von Troja. Troja war in der Antike eine berühmte Hafenstadt. Im Laufe der Jahrhunderte erwiesen viele Eroberer dem Schauplatz Troja große Verehrung, wie u.a. Alexander der Große, Xerxes, Hadrian, Julius Caesar, Konstantin der Große, Julian Apostata und andere. Besonders Alexander der Große war ein begeisterter Verehrer von Homer und seiner Ilias. Stets hatte Alexander der Große (356-13.6.323 v.u.Z.) die Ilias bei sich und schlief sogar mit der Ilias unter seinem Kopfkissen ein. Homer beschreibt Troja als eine goldene Stadt, wohlummauert mit schönen Türmen und einer mächtigen und reichen Hafenstadt unter dem König Priamos. Leider interessieren sich jetzt auch die Behörden für Schliemann, da er Gold gefunden hatte. Es setzt ein widerlicher Kleinkrieg ein. Schliemann steht aber noch immer am Anfang seines riesigen Lebenswerkes. 1876 beginnt er in Mykene (griech. Mikines) zu graben, später arbeitet er auf der Insel Ithaka und in Orchomenos am früheren Kopaissee. Mykene liegt im Peloponnes zwischen der Stadt Nemes und Argos, 4 km von der Hauptstrasse erhebt sich der Hügel mit dem höchst bedeutenden Resten der uralten Stadt Myke-

ne, in der die mykenische Kultur blühte. Mykene erlebte zur Zeit der ägyptischen Königin Nofretete-Echnaton seine Hochkultur. Hochwertige Keramik, kunstvolles Mobiliar, Öl, Wein, Künstler, Handwerker und Händler halfen beim Bau von Nofretetes Hauptstadt Achetaton 1400-1200 v. Chr. Der Kopf der Nofretete gelangte 1912 durch den Archäologen Borchardt nach Berlin ins Museum. Auch in Mykene fand Schliemann den legendären Goldschatz der fünf Schachtgräber, die um 1600 v. Chr. angelegt wurden. Die Überreste der Toten in den Gräbern waren regelrecht mit Gold überhäuft. Die Toten hatten goldene Masken auf den Gesichtern, goldene Trinkbecher und Diademe, Schmuckschatullen aus Gold, Silber, Elfenbein, Lapislazuli und anderen wertvollen Fundstücken. Ein ungewöhnlicher kostbarer Schatz der antiken Stadt Mykene, deren König in der Ilias von Homer Agamemnon war in der Zeit 1194 v. Chr. Man nimmt an, dass Homer 800 v. Chr. gelebt hat und wahrscheinlich aus Smyrna von der Insel Chios stammte. Homer war der erste Dichter der griechischen und europäischen Literatur. Er war der große Lehrmeister und Vorbild der gesamten Antike bis in die heutige Zeit. Das Menschen Sprechen und Schreiben können, ist noch gar nicht so lange her. Wenn man bedenkt, dass die Erde ca. 4,6 Milliarden Jahre und das Universum 15 bis 20 Milliarden Jahre alt ist, hat der Mensch erst circa 4000 v. Chr. mit ersten Zeichen und Bildern begonnen, um Informationen zu hinterlassen, woraus sich die ersten Bild- und Zeichenschriften entwickelten, wie u.a. die Keilschrift, die erst 2900 v. Chr. entstanden ist, die ägyptische Bildzeichenschrift, die Hieroglyphen, die chinesische Schrift, die aus Strichen und Zeichen besteht und ca. 2000 v. Chr. entstand und sich weiterentwickelte zu ca. 50.000 Schriftzeichen, aber für den täglichen Gebrauch nur 3000 verwendet werden. Die griechische Schrift von Homer war die erste europäische Buchstabenschrift, das Alphabet von Alpha bis Omega, die die meisten Europäer jedoch nicht schreiben und lesen können. Der Römer Livius Andronicus ließ die griechische Schrift ins Römische bzw. Lateinische übersetzen und bis zum Ende der römischen Republik wurde die Ilias von Horner als Schulbuch verwendet. Die Ilias war das erste Schulbuch von Europa bzw. der Welt und das latein. Alphabet wurde die Schrift des antiken Roms, die alle Europäer übernahmen. Homer hatte die griechische Schrift von der semitischen/phönikischen Schrift hergeleitet. Homers Epos Ilias wurde 800 v. Chr. geschrieben, die hebräische Bibel dagegen entstand erst 200 v. Chr. und das Neue Testament erst 100 n. Chr. Auch die Bibel wurde in die lateinische Schrift übersetzt, aber Homer bleibt unser Schöpfer der griechischen und lateinischen Schrift. Der geniale Dichter Homer wurde lange Zeit als unglaubwürdig von Archäologen und anderen abgelehnt. Die Menschen glauben selten denen, die die Wahrheit berichten. Erst Schliemann war der Begründer der Homer Archäologie, wobei er sich als äußerst sorgfältig und verantwortungsvoll bewies. Schliemann laß alle Schriften in alt- und neugriechisch und auch die Texte des griechischen Reiseschriftstellers Pansanius 100 -180 v. Chr. verwendete Schliemann für seine Ausgrabungen. Als Kultstätte der Griechen der Antike fur Künste und Wissenschaft galt der Ort Pierien am Olymp, wo man Musen verehrte, die Künste und Wissenschaften beschützen sollten. Für die Dichtung war es u.a. Kalliope und für die Sternkunde die Urania, die ein Planetoid geworden ist. Die Urania gehört zum Planetoidengürtel, ist im Durchmesser 99,66 km groß und wurde am 22.7.1954 entdeckt. Ihre Symbole sind Weltkugel (Globus), Kompass und der Himmel, denn sie wird die Himmlische genannt, weil die Urania kosmisches Wissen vermittelt, die Genialität eines Menschen fördert, die Begabung für Mathematik und Astronomie ermöglicht. Viele Planeten, Asteroiden, Fixsterne und Sternbilder haben ihren Namen aus der griechischen und römischen Antike erhalten. Unweit von Mykene liegt die Stadt Nemea mit Überresten des antiken Tempels von Zeus Nemeios. Orchomenos war die Hauptstadt der Minyer nordwestlich des einstigen Kopaissees. Orchomenos war berühmt wegen seines Reichtums und war nach der Stadt Theben (griech. Thiva), über die die antiken Tragiker so viel berichten, die größte Stadt Böotiens und wurde im Kampf mit Theben 364 bis 363 v.Chr. zerstört.

Schliemann legte Schicht für Schicht die Stadt Orchomenos frei. Böotien ist die historisch bedeutsame Landschaft Mittelgriechenlands. Am Kopaissee benannt nach der griechischen Stadt Kopai befanden sich die mykenischen Siedlungen von Orchomenos. In den heute trocken gelegten Kopaissee mündete der Fluss Kephisos, der am Berg Parnass, dem besten Skigebiet von Griechenland entsprang. Ithaka die sagenumworbene Insel des Odysseus, ist eine kleine felsige Insel reich an Schönheiten und archäologischen Funden. Die Hauptstadt von Ithaka ist Kathy eine kleine Stadt mit Weingärten und Olivenhainen. Im Museum von Stavros findet man viele Ausgrabungsfunde. In Actos finden wir mehrere Gräber der vormykenischen Zeit und der Burg des Odysseus. Schliemann finanzierte all seine Ausgrabungen mit seinem Privatvermögen, aber bei all seinen Erfolgen war Schliemann großen Anfeindungen ausgesetzt. Das Finderglück von Troja mit den Goldschätzen des Priamos und das Finderglück der kostbaren Goldschätze der fünf Schachtgräber von Mykene wurden mit Neid der Kollegen verfolgt. Trotz seiner genialen Begabungen und seiner archäologischen Erfolge hatte er schwer unter der Missgunst anderer zu leiden. Geniale Outsider wie Schliemann und andere werden immer solchen Anfeindungen ausgesetzt sein. Weihnachten 1890 erliegt Schliemann in Neapel einer Infektionskrankheit, während seine Ausgrabungen in Griechenland noch in vollem Gange sind. Es gibt jedoch ein kleines Museum im Elternhaus von Schliemann in Ankershagen in Mecklenburg (Müritzkreis), das 1998 nach umfangreichen Sanierungen wieder eröffnet wurde. Dort befinden sich einige Originalfundstücke des Troja-Schatzes und der Goldfunde von Mykene. Für immer wird der Name Schliemann mit Troja, Mykene, Orchomenos und der Ilias von Homer verbunden bleiben. Aber auch im Museum für Vor- und Frühgeschichte in Berlin gibt es ein Teil des Goldschatzes des Königs Priamos von Troja, großes Diadem und Ohrgehänge und eine Ausstellung über Schliemann und dem Arzt und Politiker R. Virchow (1821-1902), die befreundet waren. Virchow führte als liberaler Gegner den Kulturkampf gegen die Kiche.

Grabmal Schliemann bei der Akropolis

Das Museum fur Vor- und Frühgeschichte in Berlin arbeitete bis 1945 mit dem Preußischen Landesamt für Vorgeschichte und dem Museum in Königsberg eng zusammen und einige Fundstücke sind auch von dort übernommen worden. Einer der größten Schiffsunternehmer der Welt war Heinrich Schliemann in der Zeit von 1847-1868, der die ganze Welt umschiffte mit seinen Handelsschiffen. Die erste regelmäßige Schiffsverbindung gab es ab 1838 zwischen England und Amerika. Die Dampfschiffahrt brachte neuen Erfolg. 1847 enstand die erste Dampferlinie der Welt zwischen Bremerhaven-New York. 1910 entstanden die größten Reedereien der Welt Hapag und Lloyd. Durch Vermittlung von Prof. Virchow, Pathologe an der UNI Berlin, Vorsitzender der Anthropologischen Gesellschaft und durch viele Ausgrabungen erfahrener Vorgeschichtler (auch im Zusammenhang mit seinen politischen Freunden und Sozialdemokraten der Fortschrittspartei Prof. Mommsen an der UNI Berlin für Alte Geschichte, und dem Jurist Schulze Delitsch) wurde Schliemann und seine Frau Sophie Ehrenbürger von Berlin am 7.7.1881.

Der seltsame Tod von Lord Carnarvon
Der reiche englische Lord Carnarvon hatte den ungewöhnlichen Wunsch vergrabene Schätze in Ägypten zu entdecken. Carnarvon wurde im Jahre 1866 in England geboren und verbrachte seine ersten Jahre auf dem Landsitz seiner Eltern in Highclere. Die Grundschule leistete er bei einem Privatlehrer ab, dann studierte er in Eton. Auf dem College in Cambridge zeichnete er sich durch überdurchschnittliche Begabung im Pferdesport aus. Weiterhin hatte er eine ungewöhnliche Attraktion in seinem Schülerpult, in dem er sich während des ganzen Semesters eine lebende Schlange hielt. Dreiundzwanzigjährig übernimmt er nach dem Tod seines Vaters den riesigen Familienbesitz. Von nun an führt er ein sorgloses reiches Leben. Neben seinem Pferdesport war er auch noch dem Autosport verfallen. Gerade der Autosport machte ihn durch ein tragisches Ereignis zum Ausgräber in Ägypten. Bei einer Autofahrt durch Deutschland ereignete sich ein Unfall, bei dem Carnarvon schwer verletzt wurde. Die Reifen des Autos platzten und der Wagen überschlug sich, sein Chauffeur Edward Trottman, der ihn 28 Jahre auf allen Fahrten begleitete wurde einige Meter fortgeschleudert und Carnarvon wurde unter dem Wagen fast begraben. Trottman gelang es, den Wagen wegzuschieben und Carnarvon zu befreien, der bewusstlos war und dessen Herz anscheinend aufgehört hatte zu schlagen. Trottman sah im Feld zwei Männer, die eine Kanne Wasser bei sich hatten. Ohne erst lange zu fragen, ergriff er die Kanne und goss Carnarvon das Wasser ins Gesicht. Hierdurch setzte die Herztätigkeit wieder ein. Bei diesem Unfall hatte er schwere Verletzungen erlitten. Sein Gesicht war u. a. bis zur Unkenntlichkeit entstellt und er hatte weitere schwere Verbrennungen erlitten. Der adlige Autonarr musste mehrere Operationen durchstehen. 1909 verbrachte er den Winter zur besseren Genesung zum ersten Mal in Ägypten. Von da an verbrachte er jeden Winter dort und begann sich mehr und mehr für Archäologie zu interessieren. Im dritten Winter betätigte sich Carnarvon als Ausgräber und nahm Verbindung mit dem Museumsdirektor in Kairo auf, um ihn

zu einer erfolgreichen Ausgrabung zu verhelfen. Er verwies ihn an Howard Carter, einem britischen Archäologen mit viel Fachkenntnis und Idealismus, aber wenig Geld. Carter arbeitete seit 1902 in Ägypten. Howard Carter und Lord Carnarvon suchten sieben Jahre lang nach verborgenen Schätzen und 1912 veröffentlichten sie das Buch „Fünf Jahre Forschungen in Theben". Doch die Arbeit ging weiter. Sie suchten das Grab von Tut-ench-Amun. Dort wo Carter das Grab vermutete grub der amerikanische Archäologe Dacris. Er hatte 1902 von der ägyptischen Regierung die Erlaubnis von Ausgrabungen erhalten. 1820 hatte jedoch der muslemische Archäologe Grovanur Belzour seine Arbeiten an dieser Stelle ohne Erfolg eingestellt. Als Dacris 1913 die Grabungen ohne Erfolg ebenfalls aufgab, ging die Grabungskonzession an Carter und Lord Carnarvon über. Natürlich wollten die beiden sofort mit der Arbeit beginnen. Da brach der erste Weltkrieg aus und es dauerte noch 3 weitere Jahre bis die Ausgrabungen im Tal der Könige beginnen konnten. Carter schlug vor, das Grab Tut-ench-Amuns im Dreieck zwischen den Gräbern Ramses II., Merenptah und Ramses VI. zu suchen. Der ganze Winter verging unter der gewaltigen Beseitigung von riesigen Schuttmassen, die sich im Laufe der bisherigen Ausgrabungen angehäuft hatten. Direkt am Fuße des Ramses VI. Grabes fand Carter die Steinfundamente von Arbeiterhütten antiker Grabbauer. Diese Fundamente bestanden aus großen Feuersteinen. Bisher waren die Ansammlungen von Feuersteinen ein sicheres Anzeichen für die Nähe eines Grabes gewesen. Bis 1920 war das gesamte abgesteckte Gebiet untersucht bis auf jene Stelle mit den Fundamenten der Bauhütten. Carnarvon und Carter wandten ihr Interesse einem Seitental zu, ohne dort bedeutende Entdeckungen zu machen. Sie hatten sechs Jahre nach etwas gesucht von dem sie gar nicht genau wussten, ob es überhaupt existiert. Am 28. Oktober 1922 wirbt Carter Hilfsarbeiter zum Graben in Luxor an. Carnarvon war wegen der erfolglosen Ausgrabungen nach England gereist. Am 1. November 1922 beginnt Carter im Tal der Könige zu graben. Er zieht einen Graben, der genau durch die Feuersteinfundamente der Arbeiterhütten führte. Am 4. November 1922 kommt Carter wie immer mit seinem Muli zur Ausgrabungsstelle geritten. Die ungewöhnliche Ruhe macht ihn stutzig. Ein Vorarbeiter kommt aufgeregt zu Carter gelaufen und berichtet, dass sie unter dem Fundament der ersten Hütte auf eine Felsstufe gestoßen sind. Am 5. November 1922 werden fünf Stufen freigelegt. Es gibt keinen Zweifel mehr, sie führen zu einem Felsengrab. Am Abend sind zwölf Stufen freigelegt. Dann kommt eine versiegelte Steintür zum Vorschein. Die Siegel zeigen einen Schakal und stilisierte Gefangene. Das Siegel der „Totenstadt im Tal der Könige" ist nicht beschädigt worden. Das Grab so scheint es, ist noch nicht ausgeplündert. Am 6. November 1922 gibt Carter ein Telegramm in Luxor an seinen Gönner Lord Carnarvon auf:„ Habe endlich wunderbare Entdeckung im Tal gemacht, großartiges Grab mit unbeschädigten Siegeln. Bis zu Ihrer Ankunft alles wieder zugemacht. Gratuliere." Am 8. November 1922 schreibt Lord Carnarvon ein Telegramm, dass er möglichst bald kommen und voraussichtlich am 20. November in Alexandria sein wird. Am 23.November trifft Lord Carnarvon in Luxor ein. Er ist in Begleitung seiner Tochter Lady Evelyn. Am 24. November 1922 wird der zugeschüttete Zugang zum Grab wieder freigelegt. Die Siegel der Grabtür werden fotografiert und erbrochen. Ein schräg nach unten führender Gang kommt zum Vorschein. Zehn Meter hinter dem ersten Steinverschluss stoßen die Ausgräber auf eine zweite Tür. Neben den Siegeln der Totenstadt sind Siegel mit den Namenszeichen Tut-ench-Amun zu erkennen. Über die letzten Stunden des sensationellen Fundes berichtet Carter in seinem Buch „Tut-ench-Amun, ein ägyptisches Königsgrab": Langsam, verzweifelt langsam, so schien es uns, wurden die Geröllreste aus dem Gang fortgeschafft, die das untere Ende der Tür versperrten, bis wir schließlich die ganze Tür vor uns hatten. Der entscheidende Augenblick war gekommen. Mit zitternden Händen schlug ich eine kleine Öffnung in die linke obere Ecke. Dunkelheit und Leere zeigten, soweit eine hindurch gestreckte Eisenstange reichte, dass das, was hinter der Tür lag, leer und nicht wie der eben ausgeräumte Gang ausgefüllt war. Kerzenproben wurden aus Vorsicht gegen möglicherweise vorhandene giftige Gase gemacht, dann erweiterte ich das Licht, führte eine Kerze hindurch und spähte hinein, während Lord Carnarvon, Lady Evelyn und Callender (ein Ausgräber)

neben mir standen, begierig, den Urteilsspruch zu hören. Zuerst konnte ich nichts sehen, da die aus der Kammer entweichende heiße Luft das Licht der Kerze zum Flackern brachte. Als meine Augen sich aber an das Licht gewöhnten, tauchten bald Einzelheiten im Inneren der Kammer aus dem Nebel auf, seltsame Tiere, Statuen und Gold - überall glänzendes, schimmerndes Gold, den andern, die neben mir standen, muss es wie eine Ewigkeit erschienen sein - ich war vor Verwunderung stumm. Zwar sagt der Fluch der Pharaonen, der Tod wird den mit seinen Schwingen erschlagen, der die Ruhe der Pharaonen stört, aber der Fluch galt besonders den Grabräubern, die die Schätze, mit denen die toten Pharaonen begraben wurden, rauben wollten. Zudem waren die Pharaonengräber seit Jahrhunderten verschlossene Gräber, die mit Viren, Bakterien und Giften verseucht waren und viele Archäologen sind daran gestorben. Howard Carter wurde am 9. Mai 1873 in England geboren und starb am 2. März 1939 in London. Carter leitete ab 1902 die

Ausgrabungen im Tal der Könige und fand u. a. die Gräber von Mentuhotep, 1906 das Felsengrab der Königin Hatschepsut und 1922 das nicht geplünderte Grab von Tut-ench-Amun im Tal der Könige und fand den kostbarsten Goldschatz und den vollständigsten Grabfund von Ägypten. Neben dem Privatarchäologen Schliemann ist Carter wohl der bekannteste Archäologe. Beide entdeckten die wertvollsten Goldschätze der Antike. Auch Carter fühlte sich oft krank und erschöpft, aber kehrte immer wieder an seine Ausgrabungsstätte zurück. Anfang April erkrankte plötzlich Lord Carnarvon in Kairo. Sein Sohn fuhr sofort nach Ägypten, wo sich seine Familie bereits befand. Innerhalb weniger Tage starb am 6. April 1923 Lord Carnarvon und zur gleichen Zeit geschah auf dem Familienbesitz in Highclere etwas Merkwürdiges. Der Hund von Lord Carnarvon, den er besonders gerne hatte, begann plötzlich zu jaulen und fiel tot um zum gleichen Zeitpunkt als Lord Carnarvon in Kairo starb, der viele Jahre Ausgrabungen von Carter in Ägypten finanziert hatte. Hätte Carnarvon 1923 Dr. Albert Schweitzer kennengelernt, der in Afrika ein Tropenhospital in Lambarene besaß, hätte Carnarvon vielleicht gerettet werden können, denn Albert Schweitzer heilte viele schwere Krankheiten der schwarzen Bevölkerung, die ihn aus allen Teilen Afrikas um Hilfe und Heilung aufsuchten. Albert Schweitzer half jedem, ob reich oder arm. Er kannte die gefährlichsten Tropenkrankheiten und glaubte nicht an den Fluch der Pharaonen. Er entwickelte selber Medikamente gegen schwere tropische Erkrankungen. Albert Schweitzer wurde im elsässischen Kaysersburg als Pastorensohn am 4. September 1875 geboren, 1893 bis 1898 studierte er Theologie, Philosophie, Musik und Medizin. 1913 gründete er in einfachen Baracken sein Tropenhospital in Lambarene. Als Theologe interessierte er sich besonders wie Luther und Zwingli für die Jesusforschung. In der Musik erwarb er sich große Verdienste um eine Neuinterpretation des Orgelwerkes von Bach. Sein höchster Grundsatz war die Ehrfurcht vor dem Leben. 1951 erhielt er den Friedenspreis des Deutschen Buchhandels und 1952 den Friedensnobelpreis. Neben seiner Tätigkeit als Arzt in Lambarene, die von morgens bis spät abends dauerte, komponierte Albert Schweitzer und spielte nachts noch Orgelmusik. Albert Schweitzer war einer der genialen Outsider und großen Ärzte der Menschheit. Albert Schweitzer starb mit 90 Jahren am 4. September 1965 in Lambarene, wo er bis zu seinem 90. Lebensjahr als Arzt tätig war. Die Erbauer von altägyptischen Pharaonengräber ernährten sich u. a. während des Baues von Pyramiden mit einheimischen Wurzeln, Zwiebeln und Knoblauch. Auf der Pyramide von Gizeh ist z.B. in ägyptischen Buchstaben angegeben wie viel Zahlungsmittel für Zwiebeln, Wurzeln, Knoblauch während des Baues ausgegeben wurde. Die Pyramiden von Gizeh gehören heute zu den sieben Weltwundern der Antike. Der König Cheops regierte von etwa 2579 bis 2556 vor Chr., dann folgte sein Sohn Chephrens mit der zweitgrößten Pyramide. Die heutige Höhe der Pyramiden liegt bei 137,4 m.

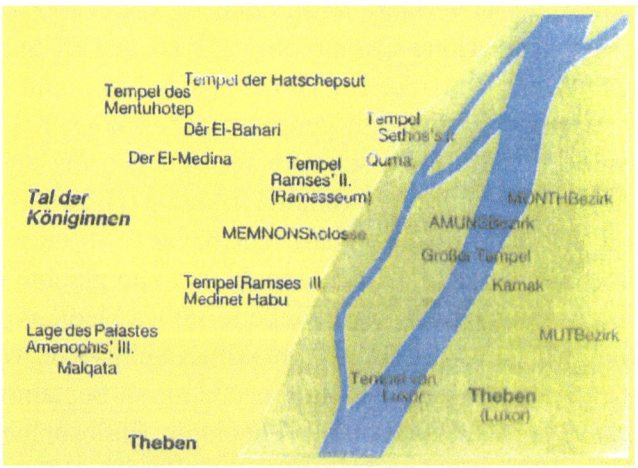

Ägyptische Wüste - Tal der Könige

Silvesterfeuer in Trier, die älteste Stadt Deutschlands
Das Silvesterfeuer bis nach Mitternacht über den alten Gemäuern von Trier ließ die römische Vergangenheit von Trier sichtbar aufleuchten. Trier, einst die römische Stadt Augusta Treverorum, wur-

de 16 v. Chr. von dem römischen Kaiser Augustus gegründet und war von 286 - 476 römischer Kaisersitz der weströmischen Kaiser. Konstantin der Große, geb. am 27.2.272, gest. am 22.5.337 in Nicomedia war der Sohn von Kaiser Constantius Chlorus und der Kaiserin Helena. Konstantin der Große machte das Christentum zur Staatsreligion und ihm wird die Einführung des Weihnachtsfestes zugeschrieben. Konstantin der Große gehört auch zu den Heiligen der armenischen, griechischen und russischen Kirche, der heilige Tag ist der 21.5. Das römische Reich befand sich in den Jahren 27.v. Chr. - 476 n. Chr. unter Kaiserlicher Herrschaft. Nach dem Sieg von Konstantin über den oströmischen Kaiser Licinius (250-325)wurde Konstantin Alleinherrscher des römischen Reiches. Daraufhin verlegte Konstantin im Jahre 330 sein Kaisersitz von Rom nach Byzanz und ließ sein Römerreich gegen Germanen und Samaten sichern. Für die Verteidigung von Byzanz (Konstantinopel) wurde sogar in den nachfolgenden Jahren das griechische Feuer gegen eindringende Muslime verwendet. Die Byzantiner kannten eine Feuermischung aus Kolophonium, Schwefel, Salpeter, die man das griechische Feuer nannte, das selbst auf Wasser brannte und damals ein Staatsgeheimnis war. Jeder der das griechische Feuer als Staatsgeheimnis verriet, wurde vom Kaiser mit hohen Strafen verfolgt. Das antike Feuerrezept ist ein echt griech. Feuer, genannt nach der griech. Stadt Kolophon. Das Kolophon ist ein hellgelbes bis rubinrotes Naturharz aus den dort wachsenden Kieferwurzeln. In Trier hatte Konstantin für seine Mutter Helena einen römischen Palast gebaut, der ab 326 in eine große Domanlage umgebaut wurde, da der Palast der Kaiserin abgebrannt sein soll. Der Bau des heutigen Doms zog sich über 200 Jahre hin. Die Stadt Trier entwickelte sich zu einer kulturellen und wirtschaftlichen römischen Metropole trotz mehrfacher Zerstörungen durch die einfallenden Germanen. Trier war damals dreimal so groß wie Köln (heute Verbandsgemeinde Trier). Mit der Vertreibung der Römer endete die Macht der Stadt Trier. Das mächtigste Stadttor der Römerzeit erhielt seinen Namen vom schwarzen Sandstein mit dem es errichtet wurde. Das antike Tor ist das beherrschende Stadtbild von Trier. Eine Inschrift am roten Haus in Trier schreibt, dass die Stadt Trier 1300 Jahre älter sei als Rom. Die Stadt Rom entstand durch erste Ansiedlungen im 10. bis 9. Jahrhundert v.Chr. auf den Hügeln Palatin, Esquilin, Quirinal, Viminal, Kapitol, Caelius. Nach der römischen Überlieferung soll die Stadt Rom am Tiber mit seinen sieben Hügeln von Romulus am 21.4.753 v.u.Z. gegründet worden sein. Erste Dörfer bildeten den Kern der Stadt Rom, in dem der politische und kulturelle Einfluß der Griechen und Etrusker bestimmend wurde. Auch die weiße Sklavenhaltung entstand, obwohl die Sklaverei im Römerreich und Griechenland keine Ähnlichkeit mit der Sklaverei der Neuzeit in Amerika hatte. Ständig wechselnde Kaiser haben das Römerreich geprägt. Der Sturz des letzten weströmischen Kaisers Romulus Augustus (476 v.Chr.) durch seinen eigenen Heerführer Odoaker beendete die römische Sklaverei, aber Odoaker setzte sich danach selbst als König des ersten germanischen Staates in Italien ein. Er wurde daher von den eindringenden Ostgoten unter dem Heerführer Theoderichs ebenfalls ermordet, da Theoderichs vom byzantinischen Kaiser Zenon (474-491) den Auftrag erhielt, Odoaker zu ermorden, aber wegen der erneuten Herrschsucht des Theoderichs fand auch das von ihm geplante Ostgotenrreich kein gutes Ende. Trotz der vielen machtgierigen und kriegerischen Auseinandersetzungen der Kaiser bleiben Griechenland und Römerreich die Wurzeln unseres heutigen Wissens. Fast alle großen Lehrmeister, Naturforscher, Naturphilosophen, Mathematiker, Astronomen, Künstler der Antike stammen aus Griechenland und Römerreich. Die vielen genialen Namen der griechischen und römischen Antike vor unserer Zeit sind eigentlich die wahren Genies, die ohne große technische Hilfsmittel viele Wahrheiten bereits erforschen konnten. Wie Wissenschaftler herausgefunden haben, sind sowieso nur 2% der gesamten Menschheit hoch begabt, der Rest ist Durchschnitt der etwas darunter bzw. darüber liegt. Einer der bekanntesten Bürger der Stadt Trier war Karl Marx, Philosoph und Nationalökonom, geb. am 5.5.1818 in Trier, gest. in London am 14.3.1883. Karl Marx war der Sohn einer jüdischen Protestantenfamilie in Trier.

Trier

Die Stadt Trier an den 3 Flüssen Mosel, Saar, Ruwer hat nicht nur eine römische Vergangenheit, sondern ist auch eine Weinstadt mit einem Weinlehrpfad ihrer namhaften Kellereien. Die Mosel entspringt in Frankreich, geht kurz durch das Land Luxemburg und fließt dann durch eines der schönsten deutschen Weintäler von Trier bis zur Mündung in den Rhein am Deutschen Eck bei Koblenz. Auch an den französischen und luxemburgischen Ufern der Mosel liegen Weinberge, aber die meisten Moselweinberge befinden sich in Deutschland. Das Moselweingebiet gehört zu den nördlichsten Weingebieten der Erde. Die meist produzierte Weinsorte als Moselwein ist die Weißweinsorte Riesling, die schon zur Römerzeit an der Mosel angebaut wurde. Der erste Weinbauer, der nach dem AT der Bibel einen Rebstock und einen Weinberg anpflanzte soll Noah gewesen sein. Von Trier bis Koblenz befinden sich eine Unzahl von Weinorten, die den Moselwein in der Welt berühmt gemacht haben, aber trotz der vielen Weinsorten sollte man die wahren Freunde der Gesundheit nicht vergessen wie Kräutertees, Fruchtsäfte, zu denen auch der Traubensaft gehört, Milchshakes, Kakao und andere Getränke.

Die ersten Entdeckungen
Die ersten Frühmenschen, die sich auf der Jagd befanden, sahen die gewaltigen Buschbrände vor 500.000 Jahren. Sie fürchteten sich vor diesem unbezähmbaren Element. Es dauerte lange Zeit bis die ersten Entdecker das Feuer zu beherrschen verstanden. Sie erkannten, dass das Feuer Schutz und Wärme gibt, und gebratenes und gegrilltes Fleisch besser schmeckt als rohes. Als Schutz wurden Feuerfackeln entwickelt wie z.B. auf Porto Santo im Atlantischen Ozean, wo Christoph Columbus seinen Wohnsitz hatte.

Der höchste Berg Pico do Facho (516m) auf Porto Santo diente der armen Landbevölkerung als Warnfeuer mit Feuerfackeln, da die Insel früher häufig von Raubüberfällen der Piratenschiffe bedroht war. Sobald ein Schiff in Sicht war wurde auf dem Berg eine Feuerfackel entzündet, um die Landbevölkerung zu warnen. Etwa 30.000 v.Chr. erfanden Jäger Pfeil und Bogen und töteten damit Tiere und Feinde sogar aus großer Entfernung. Erst 5000 v.Chr., die Menschen waren bereits seßhaft geworden, entwickelten sie die

Fähigkeit aus den Pflanzen Flachs und Baumwolle für sich Kleidung herzustellen und ca. 4000 v.Chr. entstanden die ersten Webstühle. 3500 v.Chr. wurde die erste Töpferscheibe konstruiert und ermöglichte die Herstellung von Keramik. Ca. 4000 v.Chr. hat die Menschheit mit den ersten Zeichen und Bildern begonnen, sich zu verständigen. Die Ägypter waren die ersten, die mit einer Keilschrift 3000 v.Chr. ihren Staat regierten. Um 1200 v.Chr. gelingt es den Phöniziern ein Alphabet von 22 Zeichen zu entwickeln. Dem deutschen Sprachwissenschaftler Grotefend, geb. 9.6.1775 gest. 15.12.1853 gelang 1802 die Entzifferung der Keilschrift. Seit 1600 v.Chr. waren die Hethiter die ersten, die die Bearbeitung von glühendem Eisen entwickelten. Die Eisenzeit war angebrochen und die Griechen und Römer nutzten Eisen für ihre Waffenherstellung, für Werkzeuge, Nägel und anderes. Um 6000 v.Chr. haben die Mesopotamier bereits ausgeklügelte Systeme von Bewässerungskanälen entwickelt, um ihre Felder zu bewässern. 3000 Jahre später entwickelten die Mesopotamier das Rad, um Sachen zu transportieren. Baumstämme wurden in Scheiben gesägt, an Achsen befestigt und zu einem Wagen montiert, aber erst 1000 Jahre später gelingt ihnen der erste Bau von Speichenrädern für schwere Transporte. Die ersten Entdeckungen bis dahin konnten noch keinem individuellen Personenkreis zugeordnet werden, erst ab ca. 1000 v.Chr. werden mit Beginn der klassischen Antike die Entdecker namentlich aufgezeichnet, und doch wären die vielen Entdeckungen der Griechen und Römer ohne der frühen Hochkultur von Ägypten und Mesopotamien nicht möglich gewesen. Um 2750 v.Chr. führte Ägypten einen Mondkalender ein und die Festlegung der Zeitrechnung von 365 Tagen pro Jahr, die von allen Ländern der Welt übernommen wurde. In Griechenland wurden um 530 v.Chr. hochqualifizierte Wasserleitungen entwickelt wie z.B. Eupalinos von Megara, um Städte mit Trinkwasser zu versorgen und Kulturland zu gewinnen. Die größten Wasserleitungen der Antike wurden in Rom gebaut. Rom war damals die am besten versorgte Stadt der Welt mit Wasserleitungen. Die großen griechischen Mathematiker schrieben bedeutende Werke über Mathematik, Geometrie wie u.a. Thales von Milet 650-560 v.Chr., Pythagoras 570-497 v.Chr., Euklid war einer der bedeutendsten Mathematiker der Welt mit seinem Werk Elemente in 13 Bänden und Aristarchos von Samos war einer der genialsten Astronomen, der das heliozentrische Weltbild vertrat, dass die Erde sich um die Sonne dreht. Aristarchos 310-280 v.Chr. wurde wegen seines revolutionären Weltbildes der Gottlosigkeit angeklagt. Die Ideen von Aristarchos wurden später von Nikolaus Kopernikus 1473-1543 weiter erarbeitet, weshalb Kopernikus ebenfalls der Ketzerei angeklagt wurde. Einer der größten Mathmatiker aller Zeiten war der Sizilianer Archimedes 285-250 v.Chr. Archimedes wuchs in der sizilianischen Hafenstadt Syrakus auf, wo er die meiste Zeit seines Lebens verbrachte. Sein Vater Pheidias war Astronom und Freund des sizilianischen Königs Hieron II 306-214 v.Chr. Euklid und Archimedes studierten in der ägyptischen Stadt Alexandria, dem damaligen Zentrum der griechischen Kultur und Sitz der größten Bibliothek von 700.000 Bänden und Schriftrollen. Archimedes begreift die Notwendigkeit alle Theorien durch Experimente und Beweise zu untermauern und erkennt, dass physikalischen Phänomenen mathematische Regeln zugrunde liegen. Bei der Verteidigung seiner Heimatstadt gegen die Römer konstruierte Archimedes besondere Kriegsmaschinen und kam bei der Eroberung der Stadt Syrakus durch die Römer ums Leben. Archimedes und Euklid übten entscheidenden Einfluß aus auf die späteren Wissenschaftler Newton und Galilei und auf unseren heutigen Wissensstand von Höherer Mathematik.

Die blühenden Sträucher im Januar
Selbst der kälteste Monat im Jahr der Januar mit Eis und Schnee verfügt über wochenlange blühende Sträucher. Einer der schönsten blühenden Sträucher und Heilsträucher ist der Hamamelisstrauch bzw. die Zaubernuss. Die Hamamelisgewächse sind heimische Pflanzen aus Ostasien als Bäume und Sträucher. Hamamelis wächst auch an der Atlantikküste von Nordamerika. Im 18. Jahrhundert

fand der Hamamelisstrauch den Weg nach Europa. Der Hamamelisstrauch blüht in verschiedenen Farben. im Januar blüht der rot blühende Hamamelisstrauch, etwas später blüht der gelb blühende Hamamelisstrauch. Der Hamamelisstrauch kann 8 m hoch werden. Der Name Zaubernuss weist daraufhin, dass im Sommer bis Herbst die länglichen kantigen nussähnlichen Früchte erscheinen. Bei voller Reife springt die Frucht auf und schleudert den Samen meterweit von sich, um neue Sträucher wachsen zu lassen. Die Zaubernuss hat viele heilende Wirkungen. Am besten pflanzt man die Zaubernuss vor immergrünen Nadelgehölzen, um ihre Blüten bes-

Rot und gelb blühende Hamamelis   Deutscher Sanddorn

ser gegen Wind und Sturm zu schützen. Eine weitere Pflanze, die zwar im Frühling blüht und im Herbst die orangefarbenen Früchte erscheinen, ist der Sanddorn. Die Früchte des Sanddorns bleiben den ganzen Winter über bis zum Frühling frisch am Strauch, wenn man den Strauch mit einem Netz gegen Vögel schützt. Die Sanddornbeeren halten selbst dem Frost stand. Die Sanddornbeeren enthalten acht mal mehr Vitamin C als Zitronen und enthalten auch Vitamin A und B. Nur wenige Beeren reichen schon für den notwendigen Tagesbedarf. Da der Sanddornstrauch stachelig ist und die Beeren sehr fest am Strauch sitzen, schneidet man die Beeren am besten mit einer Schere ab. Der Sanddorn ist ein heimischer Strauch der Ostseeküste, der vor 200 Jahren aus Schweden an die Ostseeküste kam, besonders die Insel Rügen ist die deutsche Heimat des Sanddorns, da er wenig in Deutschland verbreitet ist und Rügen nie aufgehört hat, den Sanddorn zu erhalten. Diese genügsame Pflanze wächst wie es der Name Sanddorn sagt auf sandigen Dünen der Ostseeküste und den kleinen orangefarbenen Früchten werden gute Ernährungs- und Heilwirkungen zugeschrieben. Sie sind zwar sehr sauer, aber lassen sich süß zu Marmelade, Saft, Tee und Heißgetränk im Winter zubereiten. Wer Früchte ernten will muß jedoch männliche und weibliche Pflanzen anpflanzen. Der Sanddorn stammt aus dem nordischen Europa und Asien. Es gibt viele Pflanzen und Heilkräuter. Hier werden nur ein paar besondere volkstümliche Pflanzen beschrieben:

Die Rote Bete:
Die rote Bete hat einen einzigartigen blauroten Pflanzstoff (Anthozyane), der für viele Nahrungsmittel verwendet wird und eine wohltuende Heilwirkung hat. Man kann auch getrocknetes rote Bete Pulver in einem Vakuumtrocknungsverfahren herstellen und täglich davon eine Gabe zu sich nehmen. Gemäß einigen Medizinern zoll die rote Bete die geistigen Gehirnzellen zur höheren Leistung beeinflussen. Die Vitalstoffe und Aufbaustoffe der roten Bete sind erstaunlich gut in Verbindung mit einer gesunden Ernährungsweise und ausreichendem Vitamin C.

Die Ringelblume:
Vor ca. 1000 Jahren kam die Ringelblume aus Südeuropa in unsere Gärten. Mit den getrockneten Blättern und Blüten der Ringelblume lassen sich Gebäck, Süßspeisen, Käse und andere Nahrungsmittel bereichern und gleichzeitig wundersame Heilungen erzielen. Die schönen großen gelben, orangenen Blüten dauern von Mai bis zu den Herbstfrösten. Heilkundliche Frauen bereiteten nicht nur Rin-

gelblumentee, sondern stellten auch gute heilkräftige Salben mit Ringelblumenblätter her. Die Ringelblume bzw. Calendula gehört zu unseren deutschen Heilpflanzen. Die getrockneten Ringelblumen werden in ein erhitztes Melkfett gemischt und ergeben gekühlt eine gute Salbe.

Das Geheimnis des Sonnenhutes bzw. Echinacea
Ursprünglich kam die wundersame Heilpflanze von den Indianern in Nordamerika. Diese Pflanze bleibt ein allround Heilmittel für Jedermann. Die Indianer benutzten die Pflanze bei Erkältungen und sogar bei Schlangenbissen und Brandwunden. Erst im 18. Jahrhundert kam der Sonnenhut nach Europa. Richtig bekannt wurde der Sonnenhut erst in den letzten Jahrzehnten und sollte in keinem Garten fehlen, er ist allerdings etwas frostempfindlich und benötigt immergrüne Pflanzen in der Nähe, die etwas Winterschutz geben.

Der Spitzwegerich
Der Spitzwegerich ist eines der besten Heilkräuter, der als Unkraut von den meisten Menschen nicht beachtet wird. Der Spitzwegerich heilt äußere wie innere Erkrankungen und Verletzungen, er war ein echter deutscher Tausendsassa schon im Mittelalter. Man kann ihn in vielen Speisen mitverwenden, aber am einfachsten ist noch immer ein heißer Tee. Der britische Botaniker Sir Simon Mills empfahl lieber eine Heilpflanze aus dem Garten, von der Wiese, dem Acker oder aus der Hecke zu holen anstatt sich auf ein Chemieprodukt zu verlassen. Die Natur ist in vielen Fällen die bessere Alternative. Wer mehr über Heilpflanzen und Heilkräuter erfahren will, muß sich eine gute Lektüre besorgen (u.a. Kosmos Verlag).

Die Schafgarbe
Der wissenschaftliche Name für Schafgarbe Achillea millefolium bezieht sich auf den Helden Achilles in der Ilias von Homer, in der berichtet wird, dass der große Lehrmeister und Erfinder der Heilkunst Chiron den verwundeten Achilles mit Schafgarbe

geheilt hat. Die echte weißblühende Schafgarbe ist ein besonderes Wundheilmittel gegen verschiedene Erkrankungen und Verletzungen und wächst auf Wiesen, an Wegrändern, auf Schutthalden und gehört zu den ältesten Heilmitteln.

Latschenkiefer, Fichten, Tannen
Die Latschenkiefer, Pinus montana wächst in den Alpen und Mittelgebirgen und bildet in Höhen von 1600-2300m eine Kiefernlandschaft, die in ganz Europa verbreitet ist. Die Latschenkiefer ist ein besonderes Heilmittel und Hausmittel. Die Anwendung von Latschenkiefern, Fichten, Tannen ist so vielseitig, dass man sie täglich äußerlich wie innerlich gebrauchen kann. Der Beschützer der Fichten ist der Heilige Bischof von Myra, gestorben am 6.12.350, weshalb der 6.12. zum Nikolaustag wurde. Er war der Schutzpatron für Bäcker, Bauern, Seeleute, Kaufleute. In der Frömmigkeit der katholischen und orthodoxen Kirche war er einer der am meisten verehrten Heiligen. Es gibt einige Begebenheiten wo er als Schutzheiliger geholfen hat. Zum Retter wurde er für drei Offiziere die verleumdet und zum Tode verurteilt wurden vom Kaiser Konstantin. Im Kerker flehten sie den Bischof von Myra um Hilfe an. Daraufhin soll Bischof von Myra dem Kaiser Konstantin im Traum erschienen sein und die drei Offiziere wurden begnadigt. Auch drei armen Mädchen soll er geholfen haben, dass sie standesgemäß heiraten konnten. Er warf jedem Mädchen einen goldenen Apfel als Mitgift durchs Fenster. Die Verehrung für Nickolaus von Myra war nicht nur Russland, sondern im Jahr 1098 weihte Papst Urban II in Rom die Krypta des Heiligen in der Basilika S. Nicolai ein. Später gelangte sein Kult auch nach Deutschland u.a. die Nikolaikirche im Nikolaiviertel von Berlin. Seit dem Mittelalter zählt Nikolaus von Myra zu den Nothelfern wobei die Fichten eine besondere Rolle spielten, da Bischof von Myra die Fichten für sich selber als Heilmittel verwendete. Die Tanne wurde von Konstantin dem Großen für das Weihnachtsfest im Römerreich eingeführt, der einer der größten Heiligen (21.5.) gewesen ist.

6. Menü Brunch Time 10-14 Uhr

Der 1. Januar ist ein besonderer Tag für die, die am 1. Januar geboren sind, weshalb sie sich ein gutes Essen und einen edlen Tropfen nicht entgehen lassen sollten. Aber auch als Neujahrstag stellt der Tag als 1. Tag im Jahr etwas Besonderes dar. Sie kennen ihr Leibgericht am besten, aber nach einer langen Silvesternacht ist vielleicht ein Brunch ein ideales Essen. Der Brunch beginnt wie ein Frühstück und endet wie ein Mittagessen mit Suppe, Braten, Nachspeisen, Tee, Kaffee, heiße Schokolade und Fruchtsäften.

Bohnensuppe
1 Dose rote Bohnen (nach Bedarf auch mehr), 1 Kg Kartoffeln, 500 g. Suppenfleisch, Majoran, 200 g Zwiebeln, 2 Bund Schnittlauch, Salz, Pfeffer.
Kartoffeln schälen, in Scheiben schneiden, 15 bis 20 Minuten in 2 l Wasser mit Fleischbrühe-Extrakt kochen lassen. Das Suppenfleisch in feine Streifen und Zwiebeln in Ringe schneiden, alles gut anbraten, die roten Bohnen, Majoran und kleingeschnittenen Schnittlauch hinzufügen, alles zu den Kartoffeln in den Suppentopf geben und noch langsam etwas köcheln lassen. Vor dem Servieren Salz und Pfeffer nach Geschmack hinzufügen.

Schweinebraten
2 kg Schweinefleisch, Salz, Wasser, Zwiebeln, gelbe Rüben, Sellerie, Tomaten
Das Fleisch in Fett kurz von allen Seiten anbraten, das Suppengemüse hinzufügen und kurz mit braten, dann den Braten in den Backofen stellen und 1 bis 1 1/2 Stunden braten unter mehrmaligen Begießen.
Das fertige Fleisch in Scheiben schneiden und auf einer heißen Platte anrichten, dazu kann man Kartoffelsalat und Eisbergsalat reichen.

Eisbergsalat
1 Kopf Eisbergsalat, 2 Apfelsinen, 1 Becher Joghurt, 1 Teel. Salatöl, 1 Teel. Essig, 4 Teel. Wasser, Salz, Zucker
Salat waschen, den Strunk entfernen, die Blätter in Stücke zerpflücken, die Apfelsinen schälen, in Stücke schneiden, Joghurt mit allen Zutaten zu einer Soße und mit dem Salat vermengen.

Nachspeisen
Quarkspeisen, verschiedene Kuchen oder auch eine Käseplatte ist nach einer guten Mahlzeit eine bekömmliche Ergänzung.

Wer zwischendurch einen frisch gepreßten Fruchtsaft oder einen Kräutertee zu sich nehmen möchte, beginnt das Jahr mit einem Wohl auf die Gesundheit.

Freunde der Gesundheit

Ein paar Anmerkungen zum Neujahrstag und zu unseren Pflanzen: Der griechische Arzt Dioskurides, der im 1. Jahrhundert n. Chr. lebte, wird als der größte Botaniker der Geschichte angesehen, der in seinem Buch über 600 Pflanzen genau bestimmte. Auch die großen Ärzte Paracelsus und Hippokrates sammelten neben ihren Studien Erfahrungen in Pflanzen und Kräutern, die sie zu Heilzwecken verwendeten. Beim schwarzen Tee werden z. B. 30 Sorten Tee angeboten. Der Teebaum hat weiß-rosa Blüten, aus denen sich die kleinen Teefrüchte bilden. Geerntet werden die jungen Blätter und die Teefrüchte. Anders verhält es sich beim Kaffee. Fast jedermann trinkt heute Kaffee, das meist getrunkene Tassengetränk der Welt. Man trinkt ihn schwarz oder weiß, süß oder bitter. Der Kaffeestrauch ist ein immergrüner Strauch mit weißen Blüten und roten Kaffeebeeren, die jeweils zwei Kaffeebohnen enthalten, die aus dem Fruchtfleisch herausgelöst werden. Die Kaffeebohnen werden getrocknet und bis 200 Grad geröstet. Der Kakao wächst hingegen auf hohen Bäumen, die bis zu 15m hoch werden können. Er hat immergrüne Blätter und blüht das ganze Jahr über. Aus den Büscheln von weißen Blüten bilden sich die braunen Früchte. In einer Frucht liegen je 25 bis 50 Kakaobohnen. Sie schmecken bitter und erst nach der Fermentation erhalten sie den milden Kakaogeschmack, werden geröstet und von Schalen befreit und zu Kakaobutter oder Pulver verarbeitet. Der erste Europäer, der mit Kakao Erfahrung hatte, war der italienische Seefahrer Columbus. Er fand die Frucht bei den Azteken, die Kakao hieß und als Zahlungsmittel galt. Columbus (1451-1506) brachte den Kakao nach Europa. Der Kakaobaum wächst in feuchtwarmen Ländern am Äquator, rund um den Globus. Die beiden großen Seefahrer Columbus in spanischen Diensten als Großadmiral und Viezekönig zur See und der Portugiese Vasco da Gama (1469-1524) in portugiesischen Diensten als Großadmiral und Viezekönig zur See eroberten Neuland rund um die Welt. Nach dem Seefahrer Vasco da Gama. geb. 1469 in Sines, gestorben am 24.12.1524 in Cochin wurde die längste Brücke Europas Ponte Vasco da Gama am 29.3.1998 eingeweiht.

Aber es dauerte noch längere Zeit, bis der Kakao Europa eroberte. Im Jahre 1800 lernte der deutsche Forscher und Mitbegründer der Berliner Universität Alexander von Humboldt auf seiner Reise an den Amazonas und Orinoko die Kakaofrucht kennen. Im 17. bis 18. Jahrhundert wurde die heiße Schokolade nur in höchsten Kreisen getrunken. Seit dem 19. Jahrhundert setzte sich die heiße Schokolade auch beim Volk durch. Ein besonderer Verehrer von Schokolade war der deutsche Dichter Goethe (1749 - 1832). In seinen Briefen schreibt er an Christine, die Schokolade fängt an mir auszugehen, schicke mir doch welche. Wer eine Tasse heiße Schokolade auf der Reise trinkt hält den ganzen Tag durch. Ich trinke sie, sagte Goethe, seit Herr von Humboldt (1769 - 1859) es mir geraten hat. Erst Anfang des 19. Jahrhunderts erlangt die Schokolade größere Bedeutung. Für die Schokolade begann das industrielle Zeitalter in der Schweiz und die Schweizer Schokolade erlangte Weltgeltung. Die Schweiz und Turin in Italien wurden das europäische Schokoladenmekka. Heute hat die Schokolade einen festen Platz in den Küchen der Welt und wird in vielen Variationen in allen Geschäften angeboten. Und doch war Christoph Columbus der erste, der Schokolade nach Europa brachte, denn Columbus war nicht nur ein großer Seefahrer, sondern hatte auch großes Interesse an der Vegetation anderer Kontinente, so erntete Columbus am 1.1.1493 die Rhabarberpflanze und verschiedene Kräuter, um sie nach Europa zu bringen. Columbus fertigte nicht nur gute Weltkarten an, sondern war auch ein gebildeter und belesener Seefahrer, mit einer nicht unerheblichen Bibliothek von über 2000 Büchern. Der Vorgänger von Columbus war Prinz Heinrich der Seefahrer, geb. 4.3.1390 in Porto, gest. am 13.3.1460 in Sagres, wo sich an der südlichsten Spitze (Ponta de Sagres) des europäischen Kontinents Europa die Seefahrerschule von Prinz Heinrich befand, der hier seine Pläne zur Neuentdeckung der Welt erarbeitete. Ab 1418 fanden die Entdeckungsreisen entlang der Westküste von Afrika statt sowie u.a. auch der Inseln Madeira und Porto Santo. Zugleich wurden die Inseln Madeira und Porto Santo ab 1418 mit einer Landbevölkerung besiedelt, aber durch Raubüberfälle von Piratenschiffen hatte die Landbevölkerung schwer zu leiden sowie auch unter der unklugen Ausbeutung der Vegetation auf Porto Santo durch Edelleute und Kaufleute. Von König, Adel und Kirche im Stich gelassen, entstand unter der Landbevölkerung ein Freidenkertum, Profetas (Ausgestoßene von Adel, Kirche, Kaufleute) genannt, die gegen König, Kirche, Adel rebellierten. Eines Tages kam ein Schiff von Madeira mit dem Befehl, dass alle Profetas aus dem portugiesischen Land zu verschwinden haben, wo sie Zuflucht fanden, weiß man nicht, aber einige sind nach Friaul-Italien ausgewandert. Es hat schon immer Freidenker, Menschenrechtler und Profetas gegeben. Einer der ersten und größten Freidenker, Menschenrechler war u.a. der Grieche Prometheus mit seiner Feuerfackel. Prometheus, der gegen falschen Götterkult, Könige und Unterdrückung der Sklaven rebellierte. Prometheus wurde deswegen auf Befehl der Könige von Hephaistos, dem Baumeister der griech. Königspaläste ermordet. Ein weiterer großer Freidenker und Demokrat war der Grieche Demokrit, Lehrmeister und größter Atomforscher der Antike in Abdera (461-371 v.Chr.). Wegen der großen Armut auf Porto Santo emigrierten auch weitere Inselbewohner. Der bis zu 20m hohe Drachenbaum auf der Insel Porto Santo wurde wegen seines roten Harzes total vernichtet, das für Lacke, Farben und Kosmetika verwendet wurde und auch die früheren Kornfelder verschwanden für immer, nur noch ein paar Windmühlen erinnern an frühere Zeiten von Porto Santo. Erst nach der Nelkenrevolution am 25.4.1974, der beginnende Versuch eine stabilere demokratische und sozialdemokratische Regierung in Portugal zu verwirklichen, brachte auch Porto Santo eine erste Anpflanzung einer neuen Vegetation. Der kleine Hauptort Vila Baleira hat nur ca. 2600 Einwohner und die gesamte Insel Porto Santo hat nicht mehr als ca. 5000 Einwohner, von denen die meisten inzwischen an der Südseite der Insel leben. Auf jeden Fall sollte man sich zum Neujahrstag eine gute Tafel Schokolade gönnen im Angedenken an einen der größten Seefahrer und an den immergrünen Schokoladenbaum, der unermüdlich blüht jahraus, jahrein rund um den Äquator.

Wohnsitz von Columbus (Ponta da Calheta), hinter diesem ersten Eindruck verbirgt sich eine kahle ausgetrocknete Insel mit einer vegetationlosen Hügellandschaft.

Nusstaler und Sternschnuppenkekse
Sollte kein kleiner Stern in der Neujahrsnacht herabgefallen sein, was ganz selten ist, sind echte Nusstaler und Sternschnuppenkekse leicht herzustellen. Das Rezept ist wie folgt:
200 g Margarine, 80 g Zucker, 1 Prise Salz, 300 g Weizenmehl, 1 Teelöffel Backpulver, 40 g Kakao, 180 g gemahlene Haselnüsse, 2 Eier, zum verzieren 50 g klein gehackte Mandeln (kann auch weggelassen werden).
Margarine und Eier cremig rühren, nach und nach Zucker, Salz, Mehl, Backpulver, Kakao, gemahlene Haselnüsse unterrühren. Sollte die Masse zu fest sein, etwas Milch dazugeben und auf ein Backblech nach Wunsch zu Kekse formen.

Zu den Nüssen:
Nüsse gehören zur Urnahrung des Menschen und nicht nur zum Knabbern, sondern auch als Fett und Öl in unserer Ernährung. Nüsse müssen kühl und trocken gelagert werden. Der Haselnussbaum gehört zu den Birkenbäumen und ist der einzige Nussbaum, dessen Ursprung Europa ist. Die Griechen und Römer haben ihn hoch geschätzt.

Blume des Tages
Christrose, Schneeglöckchen, Zaubernuss, Duftschneeball, Schneeheide, Winterkirsche, Sanddorn, Lorbeer
Die Christrose blüht selbst bei Eis und Schnee mehrere Monate bis in den Frühling, sie ist die winterharte Königin unserer verschneiten Gärten. Die Christrose stammt aus Südeuropa. Die weißen oder rötlichen Blüten sind im Verhältnis zu anderen Frühlingsblühern ungewöhnlich groß und schön, aber ungenießbar, denn die Pflanze

wurde früher von den Galliern für ihre Speerspitzen verwendet mit denen sie das Wild erlegten.

Bäume des Tages
Der Baum des Tages ist der Lorbeerbaum (Laurus nobilis), aber Schützen sind Naturmenschen und erfreuen sich an allen Bäumen und Pflanzen. Der Siegerbaum der Antike und der Olympischen Spiele in Griechenland hat sich als Gewürz alle Küchen der Welt erobert. Der Lorbeerbaum wächst rund ums Mittelmeer. Er hat einen herben Geruch und schon ein einziges Lorbeerblatt verleiht einer Speise ein einzigartiges Aroma. Die jungen Blätter des immergrünen sehr alt werdenden Baumes trocknet man gleich nach dem Pflücken. Gute Ware sollte möglichst aus ganzen Blättern bestehen. Der Lorbeerbaum kann mindestens 400 Jahre alt werden.
Aber auch der Ölbaum bzw. der Olivenbaum gehört zu den wichtigsten Bäumen des Römerreiches. Von phönizischen Händlern wurde der Olivenbaum 2000 v. Chr. nach Europa gebracht, wo er in Griechenland und im Römerreich angebaut wurde. Der Olivenbaum gehört zu den Ölbaumgewächsen, zu den ca. 20 Arten gehören.
Die wichtigste Art von Olivenbaum für Europa ist der Olivenbaum olea europaea sativa. Von den 805 Millionen Olivenbäumen auf der Welt wachsen ca. 600 Millionen Olivenbäume im Mittelmeerraum von Europa. Der größte Produzent von Oliven ist Italien. Es gibt Olivenbäume, die Hunderte oder sogar Tausend Jahre alt werden. Daher wächst der Olivenbaum mit seinen silbrigen Blättern nur sehr langsam und bizarr bis zu 3-5 m Höhe. Die ersten Olivenfrüchte trägt der Baum erst nach 5 Jahren und zwischen dem 25. und 100.

Lebensjahr ist er am ertragsreichsten. Die beste Jahrestemperatur für den Olivenbaum liegt bei 12-18°C. Der Olivenbaum möchte es sonnig haben, nicht zu viel Regen, größere Temperaturschwankungen und längere Frostzeiten verträgt er nicht sehr gut.
Die Olivenfrüchte sind zuerst grün, beginnen dann sich violett zu färben bis sie im Winter, November bis Januar schwarz werden und als schwarze Oliven geerntet werden, aber auch grüne und violette Oliven werden geerntet. Der Olivenbaum verbreitet sich nur durch den Wind, von Hundert Blüten werden nur 5 Blüten zu neuen Olivenbäumen wachsen.

Auch der Apfelbaum gehört nach dem Glauben der Kelten zum 1. Januar. Ebenso bleiben die Orangen - und Zitronenbäume vom 1. Tag des Jahres an die besten Lieferanten von Orangen und Zitronen, Mandarinen und anderen Citrusfrüchten für das ganze Jahr, die besonders gesund und vielseitig verwendbar sind. In der Bibel wird bereits von diesen Früchten berichtet als Etzhader, die schönen Bäume, die später von den Römern in Großplantagen in Italien angelegt wurden. Auf Sizilien befindet sich der Ätna der größte Vulkan Europas mit den schönsten Orangen- und Zitronengärten. Der Orangenbaum wird 4-8 Meter hoch und bis zu 100 Jahre alt. Die Bäume im Mittelmeerraum blühen im Frühjahr und liefern im Winter die Orangen. Die Orangenbäume in Brasilien, USA, Afrika liefern in der Sommerzeit die Orangen.

Auch in Österreich gab es besondere Gebiete von hoch entwickelten Obstbaumkulturen, die früher zum Römerreich gehörten und Kirschenrebellen auch dort die zu hohe Kirschen- und Obststeuer bekämpften. Daran erinnert heute noch der Name der kleinen Ortschaft Kirschentheuer bei Ferlach. Dass die Rebellen es dort leichter hatten, daran waren möglicherweise die Ferlacher Waffen schuld, denn in Ferlach wurden Jagdwaffen von höchster Qualität hergestellt, die weltweit bekannt waren und exportiert wurden.

Italienische Kirschen

Die Kirschen wurden von dem römischen Feldherrn Lucullus (117 - 57 v. Chr.) aus der römisch besetzten Provinz Kappadokien nach Europa gebracht und in Italien angebaut. Luculllus war nicht nur ein Freund von guten Mahlzeiten, sondern auch ein reicher und gebildeter Kriegsherr, er besaß u.a. eine wertvolle griechische Bibliothek, zu der sicher u.a. auch das erste Buch die Ilias von Homer gehörte.

Heilige des Tages:
Der 1. Januar ist Namenstag von Maria, Name der Mutter von Jesus von Nazareth. In der Theologie und Frömmigkeit der christlichen Kirche ist die heilige Maria die Fürbitterin der Christen. Das älteste Marienfest wurde vom 25.Dezember bis6.Januar gefeiert und manche Orte haben beim Ortsnamen den Zusatz Maria, wie u.a. Maria Wörth, Maria Luggau, Maria Rain, Maria Schnee, etc. Die kleine Alpenkapelle Maria Schnee befindet sich auf dem Höhenwanderweg der Karnischen Alpen ganz in der Nähe des Berges Oisternig

(2072 m). Ein ehemaliger Kriegspfad aus dem ersten Weltkrieg mit alten Befestigungsanlagen zieht sich entlang bis zum Oisternigipfel. Beim Gipfelkreuz hat man eine schöne Aussicht auf die Alpen. Etwas weiter befindet sich die kleine Kapelle Maria Schnee in 1750m Höhe in einer panoramareichen Umgebung. Auch eine schön gelegene Schutzhütte mit dem Namen Starhand befindet sich westlich vom Berg Oisternig.

Maria Schnee

Anmerkung:
Ekliptik (1 Jahr)
Da die Sterne und die Sonne wandern, erscheinen in der Ekliptik immer wieder neue Sternzeichen, einige Sternzeichen verschwinden und neue kommen hinzu, daher ist es besser immer von 12 Monats-Sternzeichen auszugehen, damit die Zeitenberechnungen nicht zerstört werden. In der Ekliptik können in 1 Monat mehrere Sternzeichen sich für einige Zeit befinden. Zur Zeit ist das 1. Sternzeichen der Fisch geworden, der den gegenwärtigen Frühlingspunkt darstellt, denn wir befinden uns für ca. 2150 Jahre im Fischzeitalter, das nächste Zeitalter in ca. 2150 Jahren soll das Sternzeichen Wassermann werden. Im 9. Monat befinden sich zurzeit 2 Sternzeichen, Schlangenträger und Skorpion. Wer den Himmel genau betrachtet, kann das selber feststellen. Für ein seriöses Horoskop ist immer der Tag und die Minute der Geburt entscheidend, Wer sein Geburtsdaten nicht genau kennt, kann kein individuelles Horoskop erhalten. Die Namen der Sternzeichen können auch von astronomischen Instituten geändert werden.

Ekliptik (13 Tierkreiszeichen = 12 Monate)

Fische 11.3. - 18.4.
Widder 18.4. - 13.5.
Stier 13.5. - 21.6.
Zwilling 21.6. - 20.7.
Krebs 20.7. - 10.8.
Löwe 10.8. - 16.9.
Jungfrau 16.9. - 30.10.
Waage 30.10. - 25.11.
Skorpion 25.11. - 29.11.
Schlangenträger 29.11. - 17.12.
Schütze 17.12. - 20.1.
Steinbock 20.1. - 16.2.
Wassermann 16.2 - 11.3.